全民阅读
中华文明史系列

魏晋风流

一本书读懂魏晋文明

姜 越◎编著

群言出版社
QUNYAN PRESS

·北京·

图书在版编目（CIP）数据

魏晋风流：一本书读懂魏晋文明 / 姜越编著. --
北京：群言出版社，2015.10（2022.8 重印）
ISBN 978-7-80256-929-4

Ⅰ. ①魏… Ⅱ. ①姜… Ⅲ. ①文化史-中国-魏晋南北朝时代-通俗读物
Ⅳ. ①K235.03-49

中国版本图书馆 CIP 数据核字（2015）第 226629 号

责任编辑：张天放　卢　珊　云　霄
封面设计：侯泰设计工作室

出版发行：群言出版社
社　　址：北京市东城区东厂胡同北巷 1 号　（100006）
网　　址：www.qypublish.com（官网书城）
电子信箱：qunyancbs@126.com
联系电话：010-65267783　65263836
法律顾问：北京法政安邦律师事务所
经　　销：全国新华书店

印　　刷：北京洲际印刷有限责任公司
版　　次：2015 年 11 月第 1 版
印　　次：2022 年 8 月第 2 次印刷
开　　本：640mm × 960mm　　1/16
印　　张：15.5
字　　数：240 千字
书　　号：ISBN 978-7-80256-929-4
定　　价：58.00 元

　　魏晋南北朝（220—589年），又称三国两晋南北朝，是中国历史上的一段只有37年大一统，而余下朝代替换很快并有多国共存的时代。

　　魏晋南北朝时期是中国历史上政权更迭最频繁的时期。长期的封建割据和连绵不断的战争，使这一时期中国文化的发展受到特别严重的影响。其突出表现则是玄学的兴起、佛教的勃兴及波斯、希腊文化的羼入。在从魏至隋的三百余年间，以及在三十余个大小王朝交替兴灭过程中，上述诸多新的文化因素互相影响，交相渗透的结果，使这一时期儒学的发展及孔子的形象和历史地位等问题也趋于复杂化。

　　两晋南北朝虽然战乱纷繁，但是无论在经济、民族融合、思想文化各方面都有发展进步。从经济来说，南方经济得到了很大的发展；从西晋末年开始，北方大批人口南下，带去了数以百万计的劳动力和先进的农业生产技术，使江南荒地大量开发，南方经济得到长足进步。农业上兴修水利，精耕细作，扩大耕地面积，大量种植北方农作物；手工业方面冶炼、纺织、制瓷、造纸、造船等发展很快；商业兴盛，城市繁荣。在这一背景之下，不仅长江流域，而且闽江、珠江流域都得到了开发。

由此可见，魏晋南北朝时期既有动荡、战乱的一面，又有经济、文化、民族融合等方面的重大发展。这是一个承先启后、继往开来的时代。可以说，隋唐时代的繁荣昌盛，是这个时期为其打下了深厚的基础。

本书主要包括以下内容：民族大融合、哲学与政治思想的发展、交通文明、文学、书法以及魏晋南北朝时期科学技术。阅读本书你会发现，在解读魏晋文明方面，在内容上也有一些新见解，值得广大历史研究者参考阅读。

第一章 五胡汉化——影响深远的民族大融合

魏晋南北朝时期经历了长期的封建割据及连绵不断的战争，是中国历史上政权更迭最频繁的时期，但同时又是我国历史上民族融合规模最大的时期。经历了东汉以来少数民族的内迁，北魏孝文帝的改革，最终实现了中国历史上影响深远的民族大融合。

第二章 木牛流马——交通运输文明新开拓

魏晋南北朝时期，机械技术的发展促进了造车技术的改进和提高。车辆的传动机构已开始使用链式传动；记道车、指南车等还使用了齿轮传动；杠杆传动、拉杆传动使用得更加巧妙和纯熟……在此时期，交通更加繁荣通畅。

第三章　繁荣兴衰——群雄逐鹿下的经济文明

　　魏晋南北朝时期民族大融合，北方多战乱，经济重心南移，带去先进的生产技术和劳作经验使得南方的经济萌芽并迅速发展，尤其是小农经济等方面都有快速发展。

第四章　鼓角齐鸣——魏晋南北朝的军事文明

　　魏晋南北朝是中国历史上政权更迭最频繁的时期。由于长期的封建割据和连绵不断的战争，使这一时期军事文明的发展受到特别严重的影响。主要表现在军事繁兴，军制复杂多变，新军制突出等多方面。

第五章　山水庭院——魏晋南北朝园林文明

魏晋南北朝时期是中国古代园林史上的一个重要转折点。文人雅士厌烦无休止的战争，他们崇尚玄谈玩世，寄情山水，多以风雅自居。豪富们纷纷建造私家园林，把自然式风景山水浓缩于自己的私家园林中。自然山水园的出现，为后来唐、宋、明、清时期的园林艺术打下了深厚的基础。

第六章　哲学奥妙——魏晋时代的玄学文明

魏晋玄学是中国文化发展史上的一个重要阶段。它改变了汉代的儒学与道家思想，同时它还对魏晋南北朝时代的文学艺术，乃至文人学士们的生活习俗等，都产生了极其深远的影响。

第七章 骈文诗赋——魏晋南北朝的文学

魏晋南北朝是一个充满争夺的时代，政权更易频繁，多种政权并存，汉族与少数民族政权对峙并互相融合。纵观魏晋南北朝四百年的历史，与两汉的大一统局面迥然不同。剧烈的社会动荡，长期的南北对峙，士族制度的确立，少数民族入主中原，以及由此而产生的极为复杂的民族矛盾、阶级矛盾和统治集团内部的矛盾，无疑会对这一时期的文学发展产生直接的影响。

第八章 百戏杂技——民族交融中的技艺创新

在魏晋南北朝三百多年里，除西晋初期有过短暂的统一外，其余时期都是处于分裂和战乱之中。在这样的背景之下，民间表演艺术遭到了一定程度的破坏，前一时期已经出现的戏剧雏形向戏曲转化的进程也是极为缓慢。

第九章 笔墨酣畅——魏晋南北朝的书画文明

魏晋南北朝时期，是中国书画各类书体成熟的阶段，楷书、行书、草书等十分盛行。这一时期，众多的书画家风格各异，取得了空前的艺术成就。

第十章 如梦如幻——魏晋南北朝的乐舞

魏晋南北朝时期，我国音乐舞蹈酝酿着巨大的变革。少数民族、外国音乐与佛教等宗教音乐在中原地区广泛流行。以相和歌为代表的汉族音乐与南方民歌"吴声""西曲"相结合，形成了"清商乐"，这使得南北音乐得到进一步的交融。

第十一章　日新月异——历史夹缝中的科技文明

魏晋南北朝时期，科学技术有了显著进步。这一时期的科学技术，继承了前代的成就，在数学、农学、地理学、天文历法、机械制造、冶炼技术、医学等方面多有创新。

第一章

五胡汉化

——影响深远的民族大融合

魏晋南北朝时期经历了长期的封建割据及连绵不断的战争，是中国历史上政权更迭最频繁的时期，但同时又是我国历史上民族融合规模最大的时期。经历了东汉以来少数民族的内迁，北魏孝文帝的改革，最终实现了中国历史上影响深远的民族大融合。

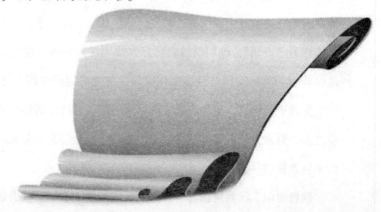

民族大融合的出现

　　魏晋南北朝时期是我国境内各民族大迁徙、大融合的时代。鲜卑、匈奴、羯、氐、羌等少数民族不断内迁，民族融合使中原地区的汉族增添了新鲜血液。民族是指由共同通用语言、共同生活区域、共同经济生活、共同文化心理联系起来的群体。经过四百多年，原来的民族布局在人口迁徙中完全被打破，相互间不再有地域隔绝；一些游牧民族也过上了定居的农耕生活，形成了共同的经济生活；汉语言文字作为"正音"被确定下来；中原先进文化成为大家接受的文化，而它又吸纳少数民族文化的优秀内容有了新的发展。到北朝末年，原有的民族差异逐渐消失，实现了民族大融合。

　　1. "五胡"的内迁

　　东汉末年，由于汉王朝的军事征服以及他们为弥补中原兵力和劳力不足而对各少数民族的招诱使中国西北部和北部周边的各少数民族开始不断地向内地迁徙。其中以匈奴、鲜卑、羯、氐、羌族为主，中国古代把这几个民族称为"五胡"。他们越过农牧分界线同汉族杂居。这些民族本来就和内地汉族有频繁的交往与经济文化交流，加之各族的杂居，使其与汉族的交往、交流更加频繁，更加直接。到西晋时期，"西北诸郡，皆为戎居""关中之人，百余万口，率其少多，戎狄居半"。他们成为我国北部、西北部地区不可忽视的一支力量。

　　魏晋时期，汉族统治者、官僚、地主奴役与剥削这些少数民族，强迫他们当兵；西晋八王之乱中，诸王也都利用少数民族参加内战。一些少数民族的人还被掠卖，充当官僚、地主的佃客、奴婢。这样，许多少数民族人口因动乱、饥荒而成为生活无着的流民，这些少数民族与汉族贫苦农民一样，生活上陷入十分悲惨的境地。西晋末年政治黑暗，统治者的自相残杀，对人民进行残酷的剥削与压迫，中原人口或死于战乱饥荒，或大批南迁，因而加快了少数民族的内迁步伐。

2. "十六国"的民族融合趋势

由于西晋的黑暗统治及对各民族的剥削压迫，少数民族进行了反晋斗争，西晋王朝轰然倒塌。西晋灭亡以后，进入中原的北方、西北各族对黄河流域的广大地区虎视眈眈。各少数民族，及一部分汉族，先后在此建立了十多个政权，历史上称为"十六国"。这个时期，自刘渊起兵反晋建立政权，至北魏统一北方地区的一百多年里，黄河流域纷纷扰扰，战祸不休，终无宁日。其间，氐族的前秦曾一度统一北方，前秦与东晋大战于淝水。淝水之战后，前秦瓦解，北方仍处于各族政权林立、相互混战的状态。十六国的纷扰战乱，使黄河流域的农业生产和中原文化遭到极为严重的破坏，给各族人民带来无穷的灾难。而且，由于相互征战、百姓流亡，一些少数民族的界限逐渐被打破，各少数民族人民之间、少数民族与汉族之间接触更密切，各民族间的差异逐渐缩小。在混战中，一些弱小民族势力被削弱，有的统治者为了巩固自己的统治，任用汉族知识分子。民族关系由交往、交流朝着民族融合的方向发展。

3. 北方民族融合

鲜卑、匈奴、羯、氐、羌等族与汉族融合的过程，是一个相互学习的过程。游牧民族南下入居汉族农耕文明区，逐渐改革了原有的生产方式与生活习惯，同时把他们的优秀文化与物质文明带到了中原，后来，这也成了汉族文化、生产中的重要组成部分。

内迁少数民族学习汉族文化，实质上是促进了他们的封建化。十六国与北朝的一些少数民族政权的统治者，崇尚儒学，任用汉人中的"先贤世胄"制定礼仪与政治、法律制度，均田令使北魏统治下的各族人民成为被束缚在土地上的农民。

由于北方民族融合加速发展，也由于大批中原农民、士人在动乱中南渡，南北之间的差异逐渐消失。魏晋南北朝的民族大融合，为隋唐大一统和经济文化的高度发展奠定了基础，在中国民族史上占有重要地位。

4. 南方与西南地区的民族融合

三国时期，诸葛亮治蜀，对西南地区各少数民族采取"抚"的政策，即"南抚夷越"，改善同他们的关系，积极发展当地经济，加速了西南少数民族的封建化，出现"纲纪初定，夷汉粗安"的局面。

三国时期，吴国境内还散居着一些越族人，他们在南方山区过着农耕生活，孙吴征服、招降和笼络越族，他们和汉族人共同开发南方。由于长期民族融合，他们与汉族在生产和生活方式上已很少有差别。

魏晋南北朝时期，大批中原人口南迁，尤其是今天江浙地区接纳南渡移民最多，四川、湖北等地也有很多中原人口南下定居，这在客观上促进了民族融合。

 孝文帝改革与民族融合

北魏统一了北方，但北魏政权也面临着许多问题：吏治混乱，财政困难，北部边境受到游牧民族的武力威胁。因此，要巩固自己的统治就必须进行改革。殊不知，这次改革竟为推进民族融合起了重大的作用。

孝文帝实行了大刀阔斧的改革，采取了许多利于北魏发展的措施。其中以迁都洛阳与移风易俗对促进民族融合的作用最为显著。

迁都洛阳使原为游牧民族，文化水平较低，社会发展相对落后的鲜卑族进入以农耕文明为特点的、封建水平较高的中原地区，接受与学习汉族先进的文化。进而促进了以鲜卑族为中心的北方内迁各少数民族的封建化，促进了民族融合。

移风易俗包括：易服装，即鲜卑族一律改穿汉服；讲汉语，孝文帝宣布以汉语为"正音"，称鲜卑语为"北语"，要求朝臣"今欲断诸北语，一从正音"；改汉姓，孝文帝下诏将鲜卑人原有的姓氏改为汉姓；通婚姻，孝文帝提倡鲜卑人与汉人通婚；改籍贯，凡是已经迁到洛阳的鲜卑人一律以洛阳为原籍。通过这一系列的措施消除了民族间的语言障碍和隔阂，使鲜卑人进一步学习和采纳汉族典章制度和生活方式，促进了鲜卑人对汉族文化的认同，同时争取到了汉族地主的支持，不仅在社会生活上实现了与汉民族的融合，更有力地推动了政权向汉族王朝统治模式的转化。

孝文帝的改革促进了鲜卑族及其他北方民族与汉民族的融合，为今后的民族融合奠定了基础，为后来的统一提供了条件。

知识链接

孝文帝拓跋宏

魏孝文帝拓跋宏是献文帝拓跋弘的长子，北魏王朝的第六位皇帝，原名拓跋宏，后改为元宏。即位时仅5岁，公元490年亲政。亲政后，进一步推行改革：公元495年，孝文帝从平城迁都洛阳；后又改鲜卑姓氏为汉姓，借以改变鲜卑风俗、语言、服饰。此外，鼓励鲜卑和汉族通婚；评定士族门第，加强鲜卑贵族和汉人士族的联合统治；参照南朝典章制度，制定官制朝仪。孝文帝的改革，对各族人民的融合和各族的发展起了积极的作用。

 胡服汉化

魏晋南北朝时期是民族大融合时期。北方少数民族和汉族互相杂居，在服饰文化方面也互相吸收、影响。其汉胡服饰文化的变化大致是：统治阶级在封建服饰上基本遵循秦汉旧制。一些少数民族首领进入中原后，也醉心于汉族高冠博带式的服装，如北魏孝文帝就班赐百官冠服，更换胡服。在劳动人民方面，由于汉族高冠博带式的传统章服不如胡服便于劳动，所以上身紧身短小、下身穿连裆裤的胡服在汉族劳动人民中推广开来，最后连汉族上层人士也穿起了这类服装。这就使汉族传统的"上衣下裳"制逐渐向"上衣下袂（裤子）"制转变。

魏晋以后汉人常用的服装有襦、袄、衫、袍、单衣、裲、半袖、假钟、裘、裙（裳）、裤等。襦是短外衣，多絮以绵，未絮绵则为单襦，通常用布制，为一般百姓所穿，上层人士则多用丝织品制作。袄与襦形制相近，是紧身小皮袄，袖较窄小，男女都穿用。衫是敞口的，各阶层皆通用。袍不仅作为朝服，也被一般百姓所穿用。有里子，内絮丝绵。制袍材料有绢、布、锦等。北朝后期改造成圆领、小袖。单衣只有一层衣料，没有里子。官吏、百姓平时多穿用。裲与单衣相似，只是其袖子是直着下来，不像单衣那样肘部有一个弧形的悬垂。半袖是穿在外面的短袖服装，是家居便服，见外客

时很少穿。假钟是一种斗篷（或称披风），北方用来抵御风沙。裘是北方人常用的御寒服装，自天子、群臣至庶民百姓皆穿着皮裘；在南方也相当流行，有时也为修饰仪表之用。高级的用鸟羽制成，有雉头裘、孔雀裘等。裙也称为裳，是与襦相搭配的。由于袍、衫、裤褶的流行，裙作为男子的服装已不太普及。裤主要是为腿部保暖，两条裤腿分开，裆部并未缝合，贫寒人不穿裤是较普遍的。当时一般人的服装是上襦下裳，或着袍、衫等长衣服。

三彩釉陶胡服俑

北方游牧民族的传统服装是裤（即裤）褶。裤是下身所穿之装，褶为上身所穿之装。汉代以前，汉族人裤子的结构还很不完善，一种是并不缝出裤管，仅以一布缠于腰股之间，名"犊鼻裈"；另一种是仅用来护住腿部的下装，亦称"裈裤"，实即两条裤管，上部并不合裆，两裤管在腰部系带。上穿外衣如深衣、袍等加以掩盖。游牧民族由于骑射需要而产生合裆裤，东汉末年首先在军队中流行，到魏晋南北朝时就在汉族百姓中流传开来。这时裤流行大口裤管，上下直幅，同等宽窄，便于行动，在膝处系一带子将小腿处的裤管向上扎缚起来。上身则为齐膝大袖衣，即褶。到晋朝，裤褶在汉族上层社会自天子到百官都可以穿。北魏的朝服都穿此服。服装的面料最初在游牧民族时是用较粗厚的毛布制作，后来汉族则用锦绣织成料、毛罽等来制作。

北方少数民族传入中原的服装还有裆，即背心或坎肩。这本是军队中的裆甲，只有前后两片，无袖。这种服装既可保暖身躯，又可使两手活动灵活方便，妇女穿的裆往往加彩绣装饰。

魏晋以后，妇女的服装在传统的基础上吸收了少数民族服式，后有所发展。一般是上穿衫襦，下穿裙子。衫襦一般为右衽，在北朝也有左衽。衫襦紧身合体，袖筒肥大。裙长曳地，多褶裥裙，下摆宽松。再加丰富的首饰，达到俊俏潇洒的效果。例如，南京石子岗出土的东晋女俑，穿长方领窄袖束腰连衣裙，发上加巾子。南京幕府山出土的南朝女俑，穿窄袖长方领紧身短衫，长裙，梳十字大髻加巾子。河北景县北朝封氏墓出土的女俑，穿交领窄袖衫，高腰长裙，戴笼冠。敦煌莫高窟西魏285窟女供养人，穿大袖衫，腰裙内衬长裙。

名士和文人的服饰多穿缓带宽衣。他们崇尚虚无，任情不羁，穿了宽松衣衫，敞开衫领，袒露胸怀。南京西善桥出土的竹林七贤砖刻中，嵇康和阮籍穿的衣服，便是当时文士的典型服饰。据鲁迅说，这是因为魏晋士人好服五石散，药力散发后，皮肉发烧，因而要穿宽大衣服。

军队的甲胄有筒袖铠，其胸背甲片连在一起，肩部有筒袖，护头的兜鍪两侧有护耳，前额眉心处稍有下突，顶部中心竖起长缨。此形式东汉已有，在西晋仍采用。筒袖铠由金属和皮革制成，铠甲呈鱼鳞状的是金属制成，呈龟背状的由皮革制成。裆铠和明光铠流行于南北朝。裆铠与柄裆衫大致相似，肩部有两条带子连接胸前和背后两大片，腰部束带。其亦有金属和皮制两种，金属甲片多为方形，又称"牌子铁裆"。这种铠甲在南北朝时已成为主流。明光铠的胸前和背后各有两大块圆形金属护片，在战场上闪闪发光，故名。到隋唐成为社会上应用最多的铠甲。

当时的帽子，帝王将相叫冕、冠。冕是帝王及王公大臣在祭祀及元会（元旦日举行的朝会）上使用，与衮服搭配，称衮冕。冠原为男子20岁时加冠，表示成年，汉魏时成为官吏的专用物品。冠冕也成为地位较高官员的代称。冠有多种名称，如通天冠、高山冠、远游冠、缁布冠、进贤冠、武冠、法冠、笼冠等。通天冠是皇帝在朝会时用，远游冠是皇帝在祭祀、朝会等正式场合以外使用，不过主要是供皇太子及宗室诸王用。其他冠为各类官吏所使用。冠不是把头顶完全套住，而是用冠圈套在发髻上，冠两旁有两根缨在下巴处打结。平民百姓的帽子叫帻、帽。帻本是卑贱执事者束发用布，此时，人们往往在帻上加巾又加冠。帻的品种有介帻、平上帻、童子帻、纳言帻等。总之，帻为低级官吏所用；有些高级官吏在非正式场合作为便帽使用，也有与冠配合使用。

当时还有高顶帽、乌纱帽、鲜卑帽等。高顶帽又名白纱帽，有多种形式，有的带卷荷边，有的挂有下裙，有的带纱高屋，有的带有乌纱长耳。主要供皇帝在宴会起居时使用，并成为皇帝的标志之一。乌纱帽在南朝为士庶所通用，无贵贱之分，只是流行式样时有变化。在北方主要用鲜卑帽，又称突骑帽、长帽等，帽的两侧及脑后垂至肩部，称为垂裙。

妇女盛行假发。发式有灵蛇髻、飞天髻、盘桓髻、十字髻等。少女则梳双髻或以发覆额。贵族夫人则头戴绀色丝帛装饰的帽状假髻，插长长的簪珥。簪珥头部饰黄金龙首，口衔白珠，或以鱼形的搔（耳挖簪）为饰。

这一时期人们脚下所穿的有履、屐、屦、靴等，用丝、麻、草、木、皮等制成，供各种人在不同场合使用。履一般在正式场合使用，如上朝、到官署办公、谒见上司或长辈等。如遇祭祀、上殿，还要脱履表示敬意。只有皇帝特许，可以剑履上殿，即带剑不脱鞋。这一般都是权臣享有。履用丝、麻、皮等材料制成，讲究的上面刺绣，或缀有珍珠，装有木底的履称舄，南北朝后期曾将木底改为皮底。屐用木制成，上面系带与脚相连接，底上突出部分称为足或齿，走泥路时方便，共有前后二齿。

 胡姓汉化

　　西晋末年，政权更迭频繁，国力空虚，民生凋敝，长期以来受压迫的北方少数民族趁机大规模起兵南下，与汉族政权分庭抗礼，是为"五胡乱中华"。

　　匈奴亦称"胡人"，也即古文献中所说的"鬼方""昆夷""犬戎"。匈奴与华夏族有近亲关系，如《史记·匈奴列传》就云："匈奴，其先祖夏后氏之苗裔也。"汉时，匈奴与汉和亲，刘姓公主下嫁匈奴王室，其中有人从母姓为刘氏。刘氏成为匈奴族重要的贵族姓氏，与原来的贵族姓氏呼延、卜、兰、乔四支并行。

　　"东胡"鲜卑族世居辽东、辽西及塞外，魏晋之际，其中的宇文氏、慕容氏、拓跋氏逐渐发展壮大。公元 386 年，拓跋氏建北魏，到孝文帝时大力推行"汉化政策"。孝文帝下令，各部落的鲜卑语复姓，都要改为音义近似的汉字单姓。皇族拓跋氏带头改元氏，贵族九姓也都相应汉化。此为汉化的主要措施之一。据《魏书·皇族官氏志》载，鲜卑族各复姓除少数保留外，基本上都改成了汉姓。

　　羯族向来依附匈奴，散落居住在上党郡一带，同汉人杂处，后改用汉姓，如建立后赵之石勒即为羯人。氐族自称是盘古后裔，魏晋南北朝时居于武都郡（今甘肃武都）及凉州（今宁夏、甘肃）一带，后逐渐入关同汉人杂居，改用汉姓。羌族又称西戎，同华夏族有较近的血缘关系，如西周时就有姜姓与姬姓之戎。羌人散居于凉州各地，较早地采用了汉姓，如后秦国的将领姚苌即是。

经过这次民族大融合，至隋唐两代，许多重要的政治、文化及军事人物都具有了鲜卑或其他兄弟民族的血统。唐代民族交融及"胡姓汉化"主要出现在西域诸国（今新疆及中亚地区）及南诏国（今云南一带）等地，如西域的"昭武九姓""突厥十姓"及"南诏六姓"先后改用汉姓。

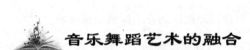

音乐舞蹈艺术的融合

魏晋南北朝的音乐有了较大发展。曹操、曹丕、曹植及当时的文人大量创作歌词，配合曲调乐器演唱，成为一大趋势。到西晋、东晋时，作曲填词更成为时尚，上至帝王，下到文人官员创作了不少的歌词。南朝人将这种音乐称为清商乐，如陈后主《玉树后庭花》即属此类。

清商乐中的一大类是吴歌，在东晋南朝盛行；另一类是西曲，出自南方荆州、郢州、襄樊、邓县一带。清商乐不同于正式场合演唱的雅乐，是日常娱乐欣赏的。其歌词出自当时的帝王、官员或来自民间，题材涉及各个方面，如曹操的《短歌行》《苦寒行》，王粲的《从军行》，是咏唱时世艰难及军旅生活的；西晋石崇、绿珠的《懊侬歌》，是写男女之情的；民间女作的《子夜歌》，则是鬼歌；陈后主的《玉树后庭花》，歌唱美女；其他也有演唱汉代旧曲的。

南朝的梁代引入了北方流传的鼓角横吹曲。陈后主曾令宫女学习北方的箫鼓，在酒宴上歌唱。

清商乐的伴奏乐器有钟、磬、琴、瑟、击琴、琵琶、箜篌、筑、筝、节鼓、笙、笛、箫、篪、埙等。

北方的十六国及北朝流行鲜卑及西域音乐。鲜卑人用鼓、牛角及横笛演奏，在军队中及宫廷、出行场合演奏。鲜卑风格的歌曲也有不少，

《真人代歌》是鲜卑语歌曲，在唐代还存有五十三章，北魏宫女早晚都演唱这些歌曲。

三国两晋南北朝时期，大量汉族以外的音乐舞蹈传入内地。天竺乐在前凉时传入河西，龟兹乐是前秦吕光时传入的，西凉乐是后凉、北凉时在龟兹乐的基础上结合西北地区的音乐风格而形成的。

北魏平定河西，得到北凉的伎乐，伎乐在会见嘉宾的场合演奏。北魏时，不少西域人来到中国，带来了这些地方的音乐。北魏灭北燕，得到高丽乐。北魏南征也得到了流传在南方的中原旧曲及吴歌西曲。

北齐人喜好西域文化，西域音乐极为流行。齐后主高纬迷恋西域音乐，对此外的音乐都不喜欢，他还能自己演奏西域乐曲并歌唱。他所喜好的主要是哀怨的曲风，曾经采寻到新的曲调，创作《无愁曲》。其音乐灵动曼妙，极富哀思，齐后主让西域人宦官齐声合唱，到曲终时，闻者无不流泪，可见此曲极富感染力。

北周与北方草原民族通婚，这些民族曾获得西域的康国及龟兹音乐，也将它们传入中国北方。

北方音乐中，不同地区的音乐所用乐器不同，如西凉乐的乐器有钟、磬、弹筝、挡筝、卧箜篌和竖箜篌、琵琶、五弦、笙、箫、大筚篥、小筚篥、长笛、横笛、腰鼓、齐鼓、担鼓、铜钹、贝等。龟兹乐的乐器有竖箜篌、琵琶、五弦、笙、笛、箫、筚篥、毛员鼓、答腊鼓、腰鼓、羯鼓、鸡娄鼓、铜钹、贝等。

魏晋南北朝的舞蹈除郊庙、朝飨的仪式舞蹈外，还有不少来自民间，然后用于官府宴会，也有的舞蹈大量采用清商乐的乐曲。魏晋时，在宴会上饮酒到兴起时常起身舞蹈，名曰属舞。一个人先舞蹈，邀请另一个人跳舞，被邀者起舞，为"报"，到南朝时变为由艺人舞蹈。著名的舞蹈是《白纻舞》，原是三国吴地的民间舞蹈，以后在宫廷也表演，舞曲属于清商乐。舞蹈者身穿白纻舞衣，"质如轻云色如银"。舞蹈以舞动衣袖为主，身躯婀娜，徐徐而起，两臂高挥如天鹅飞翔，眼神顾盼表现出舞意情绪，舞蹈中间舞曲音乐变急，舞蹈节奏加快。梁代以前多是独舞，以后有了群舞。

　　北齐的《兰陵王入阵曲》也曾被编成舞蹈，由一位男性舞者戴面具，穿紫衣，束金腰带，手执鞭，做出指挥、击刺的动作。

　　西域舞蹈在北朝很受欢迎，当时在北方流行的西凉、龟兹、天竺、康国、疏勒、安国的音乐中有一些是舞曲。1971年，河南安阳北齐范粹墓出土的黄釉乐舞瓷扁壶反映了这种情况。该壶高20.5厘米，两面印有相同的胡人跳舞图画，两侧各有两个乐人，左二人吹笛、击掌，右二人弹五弦琵琶、击钹，中间的舞者在莲花座上跳舞，右臂横举，左臂反手叉腰，转首回顾，右腿曲提，左脚踏地，舞姿夸张有

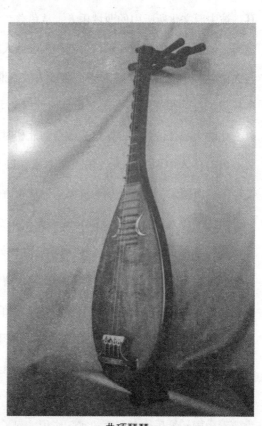

曲项琵琶

力。五人皆高鼻深目，身穿窄袖长衫，腰间系带，脚上穿靴，应是西域民族舞者。

扩展阅读　西域音乐的传入

自汉魏以来，中原与西域的文化交流，日渐繁密。丝绸之路上，乐声盈耳。被中原文化所吸引的西域乐人，从龟兹、于阗、疏勒等地奔集中原献艺定居，他们带来的西域音乐，得到广大汉族人民的喜爱，像一股股清泉，注入大海，与中原音乐交融汇集，蔚成大波。北方各族人民在混战与杂居的年代里，进一步交流了音乐文化。而此时北方人的大量南迁，又把这种各族文化的大融合带到南方，形成魏晋南北朝时百川入海的文化局面。

当时传入中原的有天竺乐、西凉乐，以及长期受外国影响的龟兹乐、高昌乐、康国乐，还有北魏的鲜卑乐，从东方传入的高丽乐，等等。

乐曲的传入，自张骞带回《摩诃兜勒》始，至此时已相当丰富。构成其后隋七部乐的大部分乐曲，恐怕均已在此时出现在中原了，当时内附中原的西域乐人，以"昭武九姓国"的康国、曹国、安国、米国等国的乐人为多。其中著名者，除封王开府的曹妙达外，尚有安马驹等人。周武帝时，龟兹乐人苏祇婆从突厥皇后阿史那氏入朝，他不但以善弹琵琶闻名朝野，而且精于音律，他在琵琶上构成的所谓"琵琶七调"，源于伊朗、印度音乐系统。他在琵琶这一件乐器上进行的转调表演，使当时的汉族音乐家深受启发，对中国传统乐律多方面的实际应用，起了一个促进的作用。

乐器的输入，最有代表性的是"胡琵琶"——曲项琵琶和竖箜篌，此外，还有五弦琵琶、筚篥、羯鼓等。这些乐器与苏祗婆的"琵琶七调"一样，大都是由伊朗、印度传入西域，再由西域龟兹等国辗转传入中原的。

琵琶的传入及其后在中国的充分发展，应该看成是中国音乐史上的一件大事。这种目前在我国民族乐器中最富表现力的乐器，大约是在公元350年前后传入中原的。

箜篌，也是一种弹弦乐器。中国古代，本有一种卧箜篌，样子像筝，据说是汉武帝时乐人侯调所造，因而此器又被称为"空侯""坎侯"。另一种竖箜篌，亦称"胡箜篌"，即现代竖琴的前身，大约是后汉时由西域、越南、朝鲜等地陆续传入的。这种外来乐器和琵琶一样，在中国音乐家的手中，充分发挥了自己的性能，创造出无数美好的音乐，并深深地打动过千万人的心。那"千重钩锁撼金铃，万颗真珠泻玉瓶"的声音，那"大弦似秋雁，联联度陇关；小弦似春燕，喃喃向人语……声清泠泠鸣索索，垂珠碎玉空中落"的声音，本身就是中华民族与世界各兄弟民族友谊的颂歌。伟大的中国古代文化，曾深深地影响过东方许多国家的文化。同时，许多兄弟国家、兄弟民族的文化成果，也曾载着世界人民的友谊，互相交融。对待已往的文化史，不论是民族虚无主义还是民族沙文主义，都是不正确的。交流交流，有交才有流，任何一种民族文化，都不可能没有受过其他民族文化的影响。"百川东入海，何时复西归？"那浩如烟海的世界音乐文化，正是全人类共同的创造。

第二章

木牛流马

——交通运输文明新开拓

魏晋南北朝时期，机械技术的发展促进了造车技术的改进和提高。车辆的传动机构已开始使用链式传动；记道车、指南车等还使用了齿轮传动；杠杆传动、拉杆传动使用得更加巧妙和纯熟……在此时期，交通更加繁荣通畅。

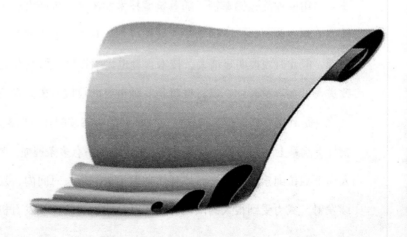

造车技术的发展

魏晋南北朝时期，机械技术显示出来的巨大潜力，引起了社会广泛关注。不但涌现了诸如马钧、杜预、耿询、祖冲之等一批机械发明家，而且产生了诸如韩暨那样尊重技术的官吏。

这一时期，运用于平地战场与具装骑兵对抗的常规战车在技术上与秦汉时期相比并无太大改进。但由于战车此时更多用于防御，因而更加注重其防护力，如东晋将领刘康祖在北伐作战中即曾在车辕上张设盾牌以保护战车。

随着造车技术的发展，出现了不少巨型车辆。后赵石虎曾造"猎车千乘，辕长三丈，高一丈八尺，置高一丈七尺，格兽车四十乘，立三级行楼二层于其上"。为了适应战争的需要，当时还发明了连续发石机、木牛流马等非常实用的作战运输车辆。随着筑城技术的改进，各种大型车式攻城器械性能不断完善，并广泛运用于攻城作战中。其中不少攻城器械虽先前已经出现，但此时规模明显增大，技术含量也大幅提高，如发石机和轒辒车的改进。早在春秋时期，发石机就是一种重要的攻城器械。发石机的投掷方法之一是利用杠杆原理，把梢杆（杠杆）的中间装配在可以旋转的横轴上，梢杆下端系上一个兜子，内置石块，梢杆上端系有多条拽绳。投射时，由多人向下猛拉绳索，即可把石块猛然抛射出去。但长时间内，发石机不能连续发射，威力受到很大的限制。三国时马钧发明的连续发石机，不仅抛射重量更大、速度更快，而且可以连续发射，威力有了很大提高。这一时期，战争中还使用了由辒辌车改进而来的尖头木驴。辒辌车早已出现，到三国两晋南北朝时仍在使用。南北朝时，顶部改为等边三角形的辒辌车有了一个新的名称——"尖头木驴"。这种攻城器械是用木料制成屋脊，木长1丈（约2.4米），直径1尺5寸（约0.36米），下面安装6只轮脚。屋形呈下宽上尖，屋高7尺（约1.7米），里面可容纳6人。攻城时，用湿牛皮蒙在外面，人员藏在下面，共同推动车辆抵达敌人坚城之下，能有效地对付城上敌人施放的滚木、檑石、铁箭、火把等。

其他较为常见的车式攻城器械，包括虾蟆车、撞车、钩车、冲车、云梯、车弩、木幔等也都有了更为巧妙的设计。虾蟆车是特制的大型车辆，上覆牛皮，用人力推行，攻城将士隐蔽在牛皮下躲避弓箭的射杀。撞车、钩车和冲车则分别在车上置撞木（裹以铁叶）或长钩，用以撞击或钩垮城墙。同时，因应战争的需要，也出现了一些设计巧妙的新型车辆，如司南车、记里鼓车、"木牛流马"和帆车等。这些车辆虽并非作战车辆，却能够反映当时高超的造车技术。

司南车又称指南车，是利用磁针在地磁作用下保持在磁子午线平面内的恒定指向这一现象制成，供行军中随时指示方向。指南车的制作由魏国的马钧主持完成。起初，马钧同常侍高堂隆、骁骑将军秦朗之间关于指南车还发生了争论。高、秦二人认为古代没有指南车。文献记载不实。马钧坚持认为指南车古已有之，并表示空头争论不会有结果，不如进行试验，可立即见到效果。最后，此事报告了魏明帝，明帝于魏青龙三年（235年）下诏命马钧制作。关于马钧制造指南车的事情，《晋书》《宋书》也有记载。《晋书》说："司南车，一名指南车，驾四马，其下制如楼，三级；四角金龙衔羽葆；刻木为仙人，衣羽衣，立车上，车虽回运而手常南指。大驾出行，为先启之乘。"《宋书》说："明帝青龙中，令博士马钧更造之而车成。晋乱复亡。石虎使解飞，姚兴使令狐生又造焉。安帝义熙十三年，宋武帝平长安，始得此车。"

关于指南车的具体结构，当时和稍后的史书并无详细记载。宋代岳珂的《愧郯录》和《宋史·舆服志》记载了指南车的两种设计方案，这两种方案都使用了齿轮传动和古老的离合器技术，说明在两晋南北朝时期我国的齿轮传动技术和离合器技术已取得了很高的成就。

木牛流马是依据蒲元的提议，由诸葛亮命其主持制作的一种具有独特形制的运输车辆。《三国志·蜀书·后主》记载："（建兴）九年春二月，亮复出军围祁山，始以木牛运。……十年，亮休士劝农于黄沙，作流马木牛毕，教兵讲武。……十二年春二月，亮由斜谷出，始以流马运。"由于木牛流马的实物没有流传下来，后来屡有人按文献记载进行复制，都未能如愿。此外，《诸葛亮集》还载有木牛流马的一些尺寸。但这些记载都十分简单，且使用了一些比喻和隐语，使人们对木牛流马的具体结构产生了许多不同看法。其中比较流行的观点认为它是适应于蜀道运输的一种独轮车。《宋史·杨允恭传》、宋代高承《事物纪原》、清代麟庆《河工器具图说》、今机械工程学家刘仙洲《中国古代农业机械发明史》、历史学家范文澜《中国通史简编》等大体上均持这一观点。"流马"形制与此基本一致，只是没有前辕，且车身稍显细长。我国古代独轮车发明于西汉，故木牛流马应是对西汉独轮车的改进和发展。木牛流马适应了艰难的蜀道，缓解了蜀国人力物力的紧张状况。在一定程度上保障了诸葛亮北伐的粮食运输。

记里鼓车又名记道车、司里车、大章车。记里鼓车的工作原理，是利用车轮的转动，间接地把车辆前进时的行程表示出来，今天的汽车里程表利用的是同样的原理。《晋书·舆服志上》记载："记里鼓车，驾四，形制如司南。其中有木人执槌向鼓，行一里则打一槌。"这是我国古代文献中关于记里鼓车工作状况的最早记载。此外，《宋书·礼志五》《南齐书·舆服志》、陆翙《邺中记》等都曾提到记里鼓车，《南齐书》还说其"鼓机皆在内"。晋崔豹《古今注》记载："大章车，所以识道里也，起于西京，亦曰记里车。车上为二层，皆有木人，行一里，下层击鼓；行十里，上层击镯。《尚方故事》有作车法。"由此推测，记里鼓车的出现时间应当更早。至于记里鼓车的发明者和各个时期的主要设计者改进者，史书中不曾提及。《宋书》中也说："记里车，未详所由来，亦高祖定三秦所获。"而记里鼓车的具体结构，直到南宋时期岳珂的《愧郯录》和《宋史·舆服志》才有较为详细的记载，不过，由于时代久远，其可信度已大打折扣。

帆车即以风为动力的风帆车。帆车发明的时代至今无从考证，但有关帆车的记载始见于南北朝。梁元帝萧绎《金楼子》中说："高苍梧叔能为风车，可载三十人日行数百里。""可载三十人"，说明帆车是一种大型运输车辆；"日行数百里"，说明其速度相当快。

畜力运用的变化

古代中国陆路交通运输动力，说到底，无非是人力畜力两大类（水路可用风力），谈不上什么机械动力。从这个意义上说，六朝时期没有太大的改变。然而，同样是人力畜力，其使用的方式、规模、手段、效率，各个时斯却大有不同。

先说用马。三代时期，中国人一直用马来驾车，春秋战国之际，马作为骑乘之畜才为中国人所普遍使用。蓄养马，鉴别马的知识与技能也受到社会的高度重视。西汉时，为了得到马，国家专门颁布法令，要求家家养马，不许10岁以下的马出关出界，甚至不惜发动战争，派大将去西域索取汗血马，视为"天马"；东汉著名将军马援，有见于"马者，甲兵之本，国之大用"，认真总结前人的相马经验，铸成铜马一尊。他说：相马的知识光靠口耳传授不行，"传闻不如亲见，视景不如察形"。然而，任何一匹具体的马，又不可能兼具各种特点，"今欲形之与生马，则骨法难备具，又不可传之于后"，于是铸成一尊铜马，高三尺五寸，胸围四尺四寸，将良马的积中、口齿、身中、唇髻等各部位的特色集于一身，使人一目了然，而且可以长久流传。马援铸的铜马模型被称作"名马式"，受到朝廷的高度重视。利用模型进行相马经的直观教育，马援是很有科学头脑的。到了六朝，在用马方面，又有了新的改革，即马蹬的使用。古人骑马不用蹬，体力消耗极大。六朝人发明了马蹬，骑马就很方便了。这是一个极简单而有很大实用价值

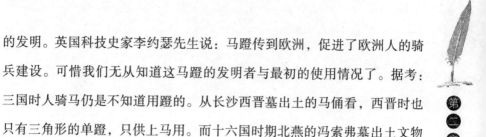

的发明。英国科技史家李约瑟先生说：马镫传到欧洲，促进了欧洲人的骑兵建设。可惜我们无从知道这马镫的发明者与最初的使用情况了。据考：三国时人骑马仍是不知道用镫的。从长沙西晋墓出土的马俑看，西晋时也只有三角形的单镫，只供上马用。而十六国时期北燕的冯索弗墓出土文物中，已经有了双镫，这是迄今发现的最早的双镫。看来，马镫是北方人发明的，因其实用，遂推及南北。

再说用牛。在中国，用牛驾车的历史不短于用马，《尚书》中就有"服牛乘马"的说法。汉初缺马，"将相或乘牛车"（《史记·平准书》）。在汉人心目中，乘牛车是不得已的。到汉武帝即位时，经济发展了，"众庶街巷有马，阡陌之间成群"，于是"乘字牝者摈而不得聚会"，母马也没人驾乘了，牛车更为有财有势之人所不屑乘。汉人更愿意把牛用于耕地。不过，到汉武帝后期，王侯们又开始驾乘牛车了。那是出于不得已：因为战争，国家少马。

六朝时不同，驾乘牛车竟成了富豪贵族以至皇家的一种时髦讲究。据说牛性稳实，而只要驾驭得法，其速度也相当可观，所以受到欢迎。

南朝人爱乘牛车，北朝人也一样。北魏时，北海王元祥、咸阳王元禧、彭城王元勰数人，曾共乘辇车，去朝见宣武帝元恪。《北齐书·武成十二王传》说："北魏旧制，中丞出，千步清道，王公皆遥住车，'去牛，顿轭于地，以待中丞过。其或迟违，则赤棒棒之'。"可见北魏官员普遍乘牛车。《魏书·术艺·晁崇传》载：天兴五年（402 年）"牛果大疫，舆驾所乘巨辇数百头，亦同日毙于路侧，自余首尾相继。是岁，天下之牛死者十七八"。看来，北方贵族与皇家乘牛，比南方更为普遍。牛已成了极重要的交通动力。

将牛用于运输、耕种，是汉以来的传统做法。杜预在咸宁年间上书，建议将三万五千头牛分给兖州、豫州兵民，使及时用于春耕，待收获之后，每头牛征三百斛粮，使运于水次。其余一万头牛，即由官军牧养之，并用于耕稼官田。一旦有事，这些牛已经过调习服用，均可征发，供应军需。可见牛也具有重要的战略价值。北魏始光二年（425年）"诏天下十家发大牛一头，运粟塞上"。这是用牛运粮。《魏书·古弼传》载：拓跋焘曾围猎于北山，大获麋鹿上千头，便"诏尚书发车牛五百乘以运之"。古弼却没有答应，说牛是用于备战的，不能拿去游猎。又，北齐后主起大宝林寺，运石填泉，人牛死者，不可胜计。这些史实都说明，在六朝交通运输事业中，牛的作用是很大的，简直比马还要受到重视。而北魏来自塞外，本来应是不缺马的。

用驴、骡。用驴在汉代也已见之于记载，不过不太普遍。《后汉书·邓训传》载：汉明帝永平年间，想整治呼沱水、石臼河，以便漕运羊肠仓的粮食，工程艰巨，未能成功。到肃宗时，让邓训主持其事，他停止了这项工程，"更用驴辇，岁省费亿万计，全活徒士数千人"。可见，汉代已经将驴子用于运输了。南北朝时，驴子更是普遍地用于运输与骑乘了。《魏书·萧宝寅传》载：萧宝夤从南朝逃亡北方时，曾藏匿于山涧，向居民"赁驴乘之"。北魏拓跋焘北攻柔然，"发民骡以运粮"。大军北进，令大将司马楚之督运粮草。柔然派奸细侦察军情，偷入司马楚之军帐，截驴耳而去。诸将不知驴耳何故被截，司马楚之说，"这一定是奸细干的，敌人就要来劫营了！"于是做好了准备，柔然军果然来袭，却一无所获。后来北周武帝进攻突厥，征发中公私驴马全部从军。可见这时驴子的使用，已经不亚于牛马了。南朝作家袁淑，还把驴子的运输功劳写进他的文学作品《驴山公九锡文》，称赞说："若乃三军陆迈，运粮艰难，谋臣停算，武夫吟叹。尔乃长鸣上党，慷慨应邟，崎岖千里，荷囊致餐，用捷大勋，历世不刊。"在用马、用牛、用驴的同时，当然也用骡子。

用骆驼在西北地区比较普遍，无须多说。较为特殊的是，晋代还有用羊拉车的记载。晋武帝时，领军将军羊琇私乘羊车，受到司隶校尉刘毅的弹劾。另外又有象车。晋武帝平吴之后，南越献训象一头，于是造作大车驾之。在皇帝车驾出行时，以象车领头，车载黄门鼓吹数十人，使越人骑象而行。可知六朝时期，马牛驴骡骆驼以及羊与象，都在运输行列之中了。

车船制作的革新

《晋书·舆服志》说：照《周礼》介绍，只有王后才能坐安车，连周王也没有供坐乘的安车。安车，可以坐乘；而高车（或称立车）只能倚乘（立乘）。汉代为天子制乘舆，皇帝从此有了供他坐乘的车。车制的发展，反映车具制作技术的提高。汉代安车用途较多，常常用于征聘高龄有德的贤士，或赐予年老的臣下。但这毕竟是官用。到了南北朝时代，一般豪门地主也都用上了"安车"，车上有车厢，开窗棂，可以四望，施布幔，可以屏蔽车内之人，尤其是妇女。

比较《后汉书·舆服志》与《晋书·舆服志》可以发现，晋代皇帝出行的仪仗队中，增加了大批新形制的车辆，其中的司南车、记里鼓车尤其引人注目。据说：渡江之后，晋皇家的司南车的车已经亡失，直到义熙五年（409年）刘裕攻下广固（南燕都城，今山东益都），得到一驾破损了的司南车，让人修好了使用。后来攻入关中，灭了后秦，获得了司南车与记里鼓车，皇帝车驾这才配齐。

先秦古籍《鬼谷子》中，就有"郑人之取玉也，必载司南，为其不惑也"的记述，说明我国人民早就懂得使用司南（指南）来定向了。东汉时期，伟大科学家张衡曾造出了一辆指南车，后来曹魏巧匠马钧又造成了另一辆指南车。十六国时期，后赵、后秦的解飞与令狐生二人也分别造成了各自的指南车。刘裕所得的就是他们造的。车子运到金陵，被作为皇帝出行仪仗的专用品。此车车厢高处，立着一个木偶人，手指南方，不论车子如何转折回环，小木偶始终指南。它利用的什么原理呢？这引起了人们的兴趣。大数学家祖冲之对它进行了考察，这才知道：它只具外形，内部并无机巧，更没有运用"司南指极"的原理，只是车厢中坐着人，车子行进，车厢中人进行操作。祖冲之见后很不以为然，就动手改制。他在车厢中装上铜质机件，运转灵活，无须人去操作了，当时引起轰动。但制作方法没有能传布下来，是否运用磁石就不得而知了。同时，还有人造成了指南舟，其机械原理与司南车同。

魏晋与南北朝时期造船的突出表现在于：用于江湖河海作战、运输或渔业生产的船只品类繁多，完全适应当时生产力发展的需要，适应海内外交通运输的需要。孙权时期，江南就已造出远航台湾、海南岛以至南洋的海船了。船张七帆，可逆风而行。孙权与曹操作战时，投入的战船有艨艟巨舰，还有轻便的走舸，可供单兵使用；另有一种油艇，用于夜间潜渡，操作更是轻便。

晋人灭吴，大船是由将军王濬监造的。《晋书》上说，王濬作大船连舫，方百二十步，容二千余人，以木为城，起楼橹，开四出门，其上可驰马往来。晋代孙恩、卢循领导农民起义，曾组织水军，连败晋朝大将。卢循水师"顺流而下，舟舰皆重楼""舟车百里不绝"。（《晋书·卢循传》）在中国农民起义史上，孙恩、卢循起义是首先凭借水师作战的，前此尚未见过。

东晋刘宋之际，数学家祖冲之在造成司南车之时，又运其巧思，造出了一种千里船，脚踏飞轮，击水前进，日行百余里，曾在金陵新亭江试航。

他还仿诸葛亮造木牛流马，造成一种不因风力水力也不劳人力而"施机自运"的器械。祖冲之把机械传动的原理用于车船制作，在科技史上也是值得一书的，可惜他的发明未能普及。

交通动力的开发利用，交通工具的制作改进，都使六朝交通在一定程度上呈现新的面貌，研究六朝交通不能不看到这方面的历史进步。

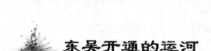

东吴开通的运河

东吴立足江南，不仅重视天然水道的利用，积极发展水路交通，保持水军的优势，而且十分重视开发运河航路，保持水路交通的通畅。据史籍记载，东吴开掘的运河渠道主要有以下几条。

一是"破冈渎"。赤乌八年（245年）八月，孙权"使校尉陈勋作屯田，发屯兵三万凿句容中道，至云阳西城，以通吴、会船舰，号破同渎"。据《建康实录》记载，破岗渎"上下一十四埭入延陵界，下七埭入江宁界"。就是说，这条被称为"句容中道"的"破岗渎"，从句容（江苏镇江市句容市）东向，直到云阳（江苏镇江市丹阳市云阳镇），与秦始皇开凿的"丹徒水道"连接，长约50千米，形成西连淮水（秦淮河），直通建邺（南京市建邺区）；东连延陵（江苏常州市城区），直通吴县（苏州市吴中区南向可以通达到会稽（浙江绍兴市越城区）的水运交通线，沿线修建有14条堤坝节制水流。南梁时期，又开凿"上容渎"，续建21条堤坝，进一步改善通航条件。

二是"巢肥运河"。三国时期的濡须水（裕溪河），北接巢湖，可通合肥

（合肥市），南经濡须口（安徽巢湖市含山县东关镇）汇入长江；淝水源出于肥西县将军岭，沿西北方向经过寿春（安徽六安市寿县）流入淮河；同样源出将军岭的南淝河，却南向流入巢湖，南淝河源头与淝水相距很近。于是，古人便开凿运河，使南淝河与淝水连通，构成连接长江与淮河的水运通道。后来以"合肥"为地名，也是出自这两条"淝水"的会合。《史记》记载："于楚，西方则通渠汉水、云梦之野，东方则通（鸿）沟江淮之间。"按照陈昌有人的说法，"寿县地居淮河中游，北有汝、颖、涡、肥诸水，可以联络梁、宋、许、陈；南有肥水和施水相接，可以逾巢湖直达大江。因而这一地带成为江淮交通的枢纽"。就是说，楚庄王时期孙叔敖开凿的"芍陂"，就是最先沟通淝水与南淝河的运河。昭公二十四年（公元前518年），"楚子（平王）为舟师以略吴疆"，就已经开始利用这条运河水道。据《资治通鉴》记载，吴魏两国围绕巢淝运河展开的战役，前后多达22次，可见其作用确实重大。西晋时期，巢淝运河仍然继续发挥沟通江、淮交通的重要作用。为强化"巢肥运河"的管理，西晋政府特别设置"合肥度支"，负责管理巢肥运河。隋炀帝开通南北大运河之后，"山阳渎"成为沟通江淮的水运主渠道，巢肥运河随即逐渐荒废。

晋代开通的运河

晋代比较重视水路交通运输，注重开发运河水道。据史籍记载，晋代开通的运河主要有三条。

一是"浙东运河"。浙东运河是钱塘江和姚江之间几段古运河的总称，越王勾践时期已经初步形成，《越绝书》所谓"山阴故水道，出东郭，从郡阳春亭。去县五十里"。东汉永和五年（140 年），会稽太守马臻兴建"鉴湖"，建成蓄水面积达到 200 平方公里的巨大防洪工程，消除了绍兴地区的水患，山阴故水道也被纳入鉴湖之内，其航道横贯于山会平原。晋惠帝时期（290—307 年），会稽内史贺循主持开凿"西兴运河"，从西陵（杭州市滨江区西兴镇）南下，流经萧山（杭州市萧山区）、钱清（浙江绍兴市绍兴县钱清镇）、柯桥（浙江绍兴市绍兴县柯桥街道），直到绍兴（浙江绍兴市越城区），航程约 50 公里。随后"西兴运河"通过鉴湖与山阴故水道及其他河道相连，形成纵横交织的水路网，可以通过曹娥江、姚江，直到鄞县（宁波市鄞州区），构成浙东运河的主体，航程约 200 公里。

二是"扬口运河"。周定王八年（599 年），楚国令尹孙叔敖曾开凿"云梦通渠"，缩短了郢都（湖北荆州市荆州区纪南镇）与竟陵（湖北天门市竟陵街道）、沙洋（湖北荆门市沙洋县）的航程。咸宁四年（278 年），司马懿的女婿杜预出任镇南大将军，都督荆州，开始修建"杨口运河"。《晋书》记载："旧水道唯沔汉达江陵千数百里，北无通路。又巴丘湖（洞庭湖），沅湘之会，表里山川，实为险固，荆蛮之所恃也。（杜）预乃开杨口，起夏水（汉水）达巴陵（湖南岳阳市）千余里，内泻长江之险，外通零桂之漕。"就是说，杜预开凿扬口运河之后，荆州（湖北荆州市荆州区）就进一步成为水路交通枢纽，北向可以通过汉水连接襄阳郡（湖北襄阳市襄阳区），直通洛阳（洛阳市老城区）；南向可以通过水路到达巴陵县（湖南岳阳市岳阳楼区）；东向可以通过长江或汉水直通夏口（武汉市江汉区）；西向可以通达巴郡（重庆市渝中区）、蜀郡（成都市城区）。

扬口运河是杜预独具匠心的杰作。荆州（湖北荆州市荆州区）虽然濒临长江，但是与汉江不能直接通航。恰好汉江的支流扬水发源于荆州城北，与长江相距很近，所谓"杨口"，就是扬水汇入汉水的交汇口。于是杜预就利用扬水河道沟通长江，开掘出扬口运河，使荆州成为既能沟通汉水，又可连接长江的水运枢纽。一直到南宋时期，扬口运河仍然是重要的水运交通线。

三是"江都新河"。江都新河即"征扬运河"。《水经注》记载"自永和中，江都水断：其水上承欧阳埭，引江入埭，六十里至广陵城。"就是说，由于长江主河道南移，江都运河水道中断，东晋随即开凿60里新河道，从欧阳埭引长江水到广陵（江苏扬州市广陵区），与"中渎水"相连接，保持航运畅通。"江都新河"史称"邗沟西道"，东起扬州市广陵区湾头镇，西至扬州市仪征市泗源沟，长约27公里，后来与"中渎水"一并成为隋代南北大运河的一段，宋代称为"真扬运河"，明代改称"仪真运河"，清代称为"仪河"。随着南北大运河的繁荣，江都新河的入江口逐渐形成著名的长江渡口——扬子津，唐代设立扬子县，现已发展成为江苏扬州市仪征市。

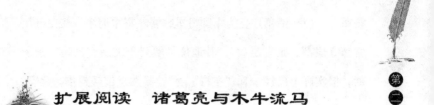

扩展阅读　诸葛亮与木牛流马

　　诸葛亮生于光和四年（181 年）七月，身长八尺（约 1.85 米），原籍琅琊阳都（山东临沂市沂南县）。其先祖诸葛丰曾出任西汉司隶校尉、光禄大夫；父亲诸葛圭曾任泰山郡（山东泰安市新泰市东都镇）丞。诸葛亮 8 岁丧母，11 岁丧父，与弟弟诸葛均被叔父诸葛玄收养。诸葛玄原任豫章（南昌）太守，免职后投奔荆州牧刘表。建安二年（197 年）正月，诸葛玄死于动乱，16 岁的诸葛亮与弟弟诸葛均流落隆中（湖北襄阳市隆中风景区），躬耕隐居。建安十二年（207 年），刘备"三顾茅庐"，诸葛亮出山。他受命出使东吴与孙权结盟。建安十四年（209 年），刘备配合孙权击败曹操，乘机夺取荆州 8 郡中的 5 个郡，即武陵郡（湖南常德市武陵区）、长沙郡（长沙市芙蓉区）、桂阳郡（湖南郴州市苏仙区）、零陵郡（广西桂林市全州县）、南郡（湖北荆州市荆州区纪南镇）；曹操仍然占有南阳郡（河南南阳市宛城区）、章陵郡（湖北襄樊市枣阳市），孙权仅占有江夏郡（武汉市新洲区）。建安十六年（211 年），刘备假借帮助刘璋打击张鲁之名，率军入川，命关羽"董督荆州事，驻守公安（湖北荆州市公安县）以（诸葛）亮为军师中郎将，使督零陵、桂阳、长沙三郡，调其赋税，以充军实"，驻守临蒸（湖南衡阳市珠晖区），其地位显然在关羽之下。建安十九年（214 年），刘备与刘璋反目，开始大举争夺西川，调集诸葛亮与张飞、赵云等部入川增援。当年夏，马超从汉中投奔刘备，一举攻占成都。刘备自称益州牧，任命关羽为前军将军，马超为左军将军，张飞为右军将军，黄忠为后军将军，赵云为翊军将军，"以（诸葛）亮为军师将军，署左将军府事，先主外出，（诸葛）亮常镇守成都，足食足兵"，其地位虽然列于关羽、马超、张飞、黄忠等人之后，但实际上已经掌管"左将军府"，显然是位轻权重。建安二十四年（219年）七月，刘备自称汉中王。此时为刘备上表请封的120名官员中，诸葛亮已经排名第5位，列于平西将军马超、左将军兼长史兼镇军将军许靖、营司马庞义、从事中郎射援之后，位于荡寇将军关羽、征虏将军张飞、征西将军黄忠之前。章武元年（221年）四月，刘备称帝，任命诸葛亮为丞相。当年六月，张飞遇刺身亡，诸葛亮又兼任司隶校尉。章武二年（222年）六月，刘备兵败夷陵（湖北宜昌市夷陵区）。建兴元年（223年）四月，刘备病死，其子刘禅即位，加封诸葛亮为武乡侯，并兼任益州牧。建兴十二年（234年）八月，诸葛亮病逝于五丈原（陕西宝鸡市岐山县五丈原镇），享年仅53岁。

诸葛亮一生致力于北伐，志在消灭曹魏，恢复刘汉天下。建兴元年（223年），刘备病亡之后，"南中四郡"，即永昌郡（云南保山市隆阳区）、益州郡（云南昆明市晋·县晋城镇）、越离郡（四川凉山州西昌市）、胖舸郡（贵州黔南州福泉市）发生叛乱。建兴三年（225年）春，诸葛亮为稳定后方，亲自率军1.5万余人南征。当年夏天，诸葛亮以"七擒孟获"平定叛乱，将"南中四郡"分设为"南中七郡"，撤销益州郡（昆明市晋宁县晋城镇），增设朱提郡（云南昭通市昭阳区）、建宁郡（云南曲靖市麒麟区）、云南郡（云南大理州祥云县云南驿镇）、兴古郡（云南文山州砚山县），重新开通"南方丝绸之路"。

建兴四年（226年），魏文帝曹丕病死，其子魏明帝曹睿即位，曹魏政局出现波动。建兴五年（227年）春，诸葛亮上《出师表》，率军进驻汉中，开始首次北伐。建兴六年（228年）春，诸葛亮北伐深入岐山（陕西宝鸡市岐山县），因受到道路交通的制约，后勤补给发生严重困难，结果兵败街亭，无功而返。

建兴六年（228 年）冬，魏将曹休兵败东吴，魏军名将张郃所部主力 5 万人东调，诸葛亮乘机再次举行北伐，一举夺取武都郡（甘肃陇南市武都区）、阴平郡（甘肃陇南市文县），随即围攻陈仓（陕西宝鸡市陈仓区），但仍然受制于道路交通的阻碍，难以解决后勤补给，无法扩大战果。为解决后勤运输问题，诸葛亮冥思苦想，终于设计出适应秦岭山区道路条件的"木牛流马"。《三国志》记载："（诸葛）亮性长于巧思，损益连弩，木牛流马，皆出其意。"但是"木牛流马"到底是何等机械装置，《三国志》没有具体介绍。据《南齐书》记载，祖冲之"以诸葛亮有木牛流马，乃造一器，不因风水，施机自运，不劳人力"。就是说，200 多年之后的祖冲之曾经复制过木牛流马，能够"施机自运，不劳人力"。后来《三国演义》把木牛流马写得神乎其神，但是看不出其中的机械原理。因此专家们始终认为木牛流马就是"独轮车"和"平板车"。《三国志》记载："建兴九年（231 年）春二月，（诸葛）亮复出军围祁山，始以木牛运。魏司马懿、张郃救祁山。夏六月，（诸葛）亮粮尽退军"（建兴）十一年（233 年）冬，（诸葛）亮使诸军运米，集于斜谷口，治斜谷邸阁"；"（建兴）十二年（234 年）春二月，（诸葛）亮由斜谷出，始以流马运"。由此可见，诸葛亮创制"木牛"的时间是建兴九年（231 年）二月，但是未能解决军粮运输问题，仅 4 个月后就"粮尽退军"；至于诸葛亮创制"流马"是在建兴十二年（234 年）二月，实际上已经是诸葛亮生命的最后半年时间。此时，诸葛亮也许已经预见到不可能彻底解决交通运输难题，因此大力推行"屯田制度"。建兴十一年（233 年）冬，诸葛亮整修褒斜栈道之后，"悉大众由斜谷出，以流马运，据武功五丈原，与司马宣王对于渭南。（诸葛）亮每患粮不继，使己志不申，是以分兵屯田，为久驻之基"。建兴十二年（234 年）春，诸葛亮通过一系列精心策划，与东吴同时进攻曹魏，展开最后一次悲壮的北伐，仍

五丈原

然被交通运输问题所困扰，终于功亏一篑。当年八月，诸葛亮病逝五丈原，令人遗憾地感叹"出师未捷身先死，长使英雄泪满襟"。

1956年之后，全国各地先后自发成立了7个"木牛流马研究会"。近年来，已经先后多次报道"木牛流马"复制成功的消息，有的作品甚至获得了国家专利。通观其外形，虽然有"轮式"或"腿式"之别，但基本上都是将车辆制作成牛马的外形，内部结构是利用杠杆原理，通过齿轮传动，最终以人力驱动的运输器械，并非《三国演义》描述的那种神物，这也许与诸葛亮创作的"木牛流马"有某些相似之处。

第三章

繁荣兴衰
——群雄逐鹿下的经济文明

魏晋南北朝时期民族大融合，北方多战乱，经济重心南移，带去先进的生产技术和劳作经验使得南方的经济萌芽并迅速发展，尤其是小农经济等方面都有快速发展。

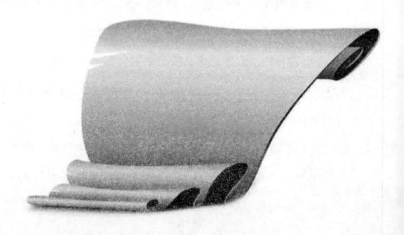

两晋时期经济概况

西晋历四帝、五十三年。其中，自晋武帝司马炎称帝至出兵灭吴前（265—280 年），一直是以长江为界，晋、吴对峙；永嘉元年（307 年）之后，北方已经是割据政权林立。因此，包括"八王之乱"十六年在内，西晋维持统一局面也不过二十六年。

从司马炎代魏到灭吴重新统一中国，前后用了十五年时间。在这十五年中，晋武帝司马炎所确立的国家战略是"积谷养民，专心东向"，为完成统一大业做积极的财政和军事准备。具体实施的政策如下。

减免赋税，缩减财政开支。公元 265 年，晋武帝代魏，随即下令"复天下租赋及关市之税一年，逋债宿负皆勿收。除旧嫌，解禁锢，亡官失爵者悉复之。"还下令减免灾欠地区的赋税，以助百姓重建家园。

"重农积谷"，发展生产，增加储备。"是时江南未平，朝廷厉精于稼穑。"晋武帝积极倡导发展农业生产。泰始四年（268 年）正月，诏曰："方今阳春养物，东作始兴，朕亲率王公卿士耕籍田千亩。"并于泰始十年（274 年）十二月设立了专管籍田事务的籍田令，敦促地方官员劝课农桑，并以此作为考察官吏政绩的标准之一。

实行平抑市场粮食价格的政策，以保护农业经济。泰始四年（268 年）设常平仓，"丰则籴，俭则粜，以利百姓。""平籴法"的实行有效地平抑了市场上的粮食价格，不法商贩的投机活动得到控制，保护了作为国家税源的自耕农经济，也增加了国家的粮食储备。

经过十几年的"积谷养民"，西晋的财政、军事实力已足可跨越长江天险，于太康元年（280年）灭吴，重新统一了全国。此后，西晋王朝对当时的经济、政治、法律等各项制度进行了比较系统的改革和创新。西晋制度建设的特色在于其创立和推行了中国历史上著名的占、课田法。

此外，西晋王朝还继承和发展了曹魏时期创立的"九品中正制"，使之成为维护世家大族利益和特权的一种选官制度。这个制度使以司马氏为代表的西晋世家大族不仅获得了世袭爵位，而且还取得了高官厚禄，萌发于东汉的门阀士族制度，从此确立下来。这是西晋政治制度的一大特点。西晋统一全国后，制定了严格的荫户制度，规定门阀士族地主按官品高低荫亲属和荫人为衣食客，并可按官秩占田。

西晋改制尽管有很多缺陷，但它是顺应当时历史发展需要的，是具有承前启后作用的。

永嘉之乱后，北方进入"十六国"时期，受战乱的影响，大批贵族官僚、豪强地主携带宗族、家兵、部曲，甚至裹胁乡里流徙江南。长安陷落后，在江南的南北大族拥戴晋宗室琅琊王司马睿为帝，改元建武，建都建业（因避愍帝司马邺讳，改称建康），史称东晋。东晋是门阀士族势力的鼎盛时期，历十一帝、104年（317—420年）。

原居北方的侨姓士族一到江南便到处"求田问舍"，恶性兼并土地和人口，强力分割封建国家的赋税来源，极大地激化了阶级矛盾、社会矛盾和统治阶级内部的矛盾；受战乱影响，大量人口南迁，史称"自中原丧乱，民离本域；江左造创，豪族并兼，或客寓流离，民籍不立"。为稳定政权，东晋王朝实行侨置郡县的政策以安置流亡世族和农民。但随着时间的推移，南下者日渐增多，不税不役的"白籍"也越来越多，造成东晋户籍制度紊乱，士族地主趁机大量招徕劳动人手。如果不设法制止这种现象，封建政府将失去更多的编户，将导致税源枯竭，形成"国弊家丰"的局面。于是，国家出台了著名的"土断"政策。所谓土断，就是以土为断，将侨州郡县经一番整理，与当地原有的政区制度结合起来，将侨人"土著化"，令其著籍输课，使他们成为封建政府所掌握的编户，承担赋役。具体说就是把"白籍"侨居户和浮浪人按其居住所在地编入"黄籍"，即居住在哪块土地上，就被确认为哪块土地上的人，归当地郡县管理，与土著居民一样照章纳税服役，不再隶属于侨置郡县，也不再享受任何免税免役的权利。

土断为东晋王朝争得了大量纳税编户，有利于财政收入的增加，但封建政府与贵族豪强争夺人口的斗争不是几次"土断"就能解决的，故土断政策一直延续到了南朝时期。

南北朝时期经济概况

南朝（420—589年）是东晋之后建立于南方的宋、齐、梁、陈四个朝代的总称，有一百七十年的历史。此时，中国正处于南北分裂的时期，南朝与北方的北齐、北魏、北周等国在历史上合称"南北朝"。

南朝虽然朝代更迭频繁，但它们的基本政治特征大体是一致的，即士族门阀势力逐渐衰落，寒门庶族地主兴起，形成士族和庶族联合专政的局面。

另一方面，南朝的社会经济特别是农业，由于北方流民大量南渡和南方农民起义的推动而有所发展，但随着工商业发展、土地买卖的盛行和土地所有权转移的加速，国有土地制度日趋没落。

由于国土相对狭小、战乱频繁、政权腐朽，南朝政权对人民的赋税剥夺异常沉重，农民的生活处境一直十分悲苦。从总体上看，南方经济虽然表面上强盛，但国家的政治活力却是北方强于南方的根本原因。

从公元386年北魏王朝建立，至公元589年隋朝统一全国，史称"北朝"。此间，北魏维持了近一百年的统治，后来分裂为东魏和西魏，接着北齐代东魏，北周代西魏。公元577年，北周灭北齐，重新统一北方，公元581年北周又为隋朝所取代。

鲜卑族拓跋氏建立的北魏政权经过数十年的战争，最终实现了中国北方的统一，结束了各民族政权相互割据和混战的状况，对推动各民族进一步融合起了积极作用。北魏的成功改革主要发生在孝文帝父子在位期间，史称"孝文改制"。尽管当时北部六镇仍存在一些民族矛盾问题，但只是局部现象，已不可能从根本上动摇中华民族大融合的大局面，新的统一的封建王朝正在孕育。

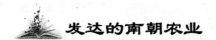

发达的南朝农业

东晋南朝是我国南方社会经济得到开发的重要时期。江南的开发，从春秋战国以来已经有很长的历史。但是在西汉时期这里还比较荒凉，在司马迁的笔下，这里是"地广人稀""江淮以南，无冻饿之人，亦无千金之家"。由于生产落后，商品经济不发展，贫富悬殊的情况尚不多见。

在东晋南朝时期，劳动人民将荒凉贫困的江南改造成为繁荣富饶的地区。这主要原因，一是北方人口大量南迁，带来了较进步的生产技术和生产经验。有的地区南迁的侨民还超过了土著人口。例如，南徐州（今江苏镇江一带），共有人口42万，其中22万人为南迁人口；二是少数民族出山。山越、蛮、僚、俚等人民从山区大量进入平原，增加了社会劳动力；三是南方战乱比较少。南朝和北朝的战争大多集中在长江以北，只有梁末侯景之乱给南方造成了破坏；四是一些统治者实行了一些有利生产的政策，促进了南方的发展，如东晋王导、谢安实行"镇之以静"的与民休息政策，宋初的刘裕父子统治时期的"元嘉之治"，等等。

南方经济的发展，农业方面主要表现在：农业生产技术的提高、水利的兴修、荒地的开辟等。

南方在西汉时还处于火耕水耨阶段。《汉书·武帝纪》元鼎二年（前115年）九月诏书中说："江南之地，火耕水耨。"所谓"火耕水耨"，就是用火烧去地面上的草木，然后放水漫灌，把草木烂在水里，作为肥料，不需犁耕，甚至不需锄耙，撒了种子，秋天后就来收。经过东汉三国以来的开发，到南朝时，南方农业已经实行精耕细作。牛耕的推广，不但使耕田的速度加快，而且能深耕，使地得到充分利用，产量也大为提高。北方的区种法也传到了南方；区种法是西汉氾胜之推行的一种精耕细作的园艺式的耕作方法，集中用肥，产量较高。水稻栽培技术也有了提高，出现了一年三熟。麦的种植得到了推广。此外，还有胡麻、大豆、小豆、粟等许多农作物品种。

南方雨水多、河流多，劳动人民也十分注意兴修水利。

土地的开垦。一是开发山区。往往在两山之间的开阔地首先得到开垦，种植果木等经济作物，称为山垄田。例如，会稽、永嘉、临海、东阳等郡都有这类山地。二是围湖造田，称为圩田。在湖泊沼泽的低洼之地，周围筑起长堤，把水引向河渠，使湖泊沼泽干涸，然后开辟种上庄稼。这种田遍布太湖、洞庭湖、鄱阳湖流域以及会稽一带。湖田有腐烂的有机物，十分肥沃，又便于灌溉，特别适宜种植水稻。

由于垦地面积的扩大，这一时期增设了许多地方机构建制。扬州的会稽，由汉时的一郡扩大为东晋时会稽、吴、吴兴等七郡。荆州的长沙，也从一郡增加为四郡。

正是由于南北人民的辛勤劳动，使江南地区改变了落后面貌。南方经济发展较快的地区主要有：以三吴为中心的长江三角洲；以江陵为中心的荆州地区；以建康为中心的长江下游；以寿春为中心的淮海地区；鄱阳湖流域的豫章地区；交广地区；闽江流域，等等。《宋书》卷五十四《孔季恭等传论》中对这一时期南方经济发展的状况有一段描述：

江南之为国盛矣。……地广野丰，民勤本业（农业），一岁或稔（庄稼成熟），则数郡忘饥。会土（会稽）带海傍湖，良畴（田地）亦数十万顷，膏腴上地，亩值一金，鄠杜（长安附近户县等地）之间，不能比也。荆城（荆州）跨南楚之富，扬部（扬州）有全吴之沃，鱼盐杞梓之利，充仞八方。丝棉布帛之饶，覆衣天下。

这段话主要描写了长江下游农业生产的发展；一郡丰收，使周围数郡的粮食得到供应；粮食产量的提高，从而土地价格也提高；不仅粮食发展，鱼盐、丝棉的生产也有很大发展。总之，江南经济的发展，已从过去寥若星辰的"点"，扩展为遍地开花的"面"。从而使长期落后的江南发展成为一个繁荣的经济区。

知识链接

小农经济的脆弱性

关于小农经济的个体生活图景，《汉书·食货志》中，记载了战国时期的李悝对小农五口之家占有百亩土地生活情景的描述：

今一夫挟五口，治田百亩，岁收亩一石半，为粟百五十石，除十一之税十五石，余百三十五石。食，人月一石半，五人终岁为粟九十石，余有四十五石。石三十，为钱千三百五十，除社闾尝新春秋之祠，用钱三百，余千五十。衣，人率用钱三百，五人终岁用千五百，不足四百五十。不幸疾病死丧之费，及上赋敛，又未与此。此农夫所以常困，有不劝耕之心，而令籴至于甚贵者也。

李悝所建立的这一个体小农经济的消费模型，应该是就截上断下的一个中间标准而言的。直到西汉初年，小农家庭的人口、所耕土地依然如此。《汉书·食货志》记载晁错对文帝的上书中曾说："今农夫五口之家，其服役者不下二人，其能耕者不过百亩，百亩之收不过百石。"可见，占田令的百亩之说，事实上是对历史上关于农户可以勉强生活的基本占地亩数的法令化。至于在江南地区，在保证占有百亩耕地的基础上，小农的生活是否会有根本性的改善，则是值得怀疑的。但毫无疑问，这种政策，肯定会有利于国家的赋税收入。

繁荣的庄园经济

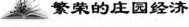

"田连冈而盈畴，岭枕水而通阡。阡陌纵横，塍（田间土埂）圻（等同）交经，导渠引流，脉散沟并……供粒食与浆饮，谢工商与衡牧……北山二园，南山三苑，百果备列，乍近乍远……杏坛、榛园、桔林、栗圃、桃李多品，梨枣殊所……"

这是谢灵运的《山居赋》中的一段。这里田埂纵横交错，渠中流水潺潺；水田中有大片绿油油的水稻，湖中盛产各种鱼禽和水生植物；南北二座山岭上果树成林，有杏、榛、桔、栗、梨、枣、枇杷、梅、柿、桃、李等多种果木。从这段描述可以看出南朝时期士族田庄的一个概貌。《山居赋》还讲到，庄园中畜养鸡鸭、酿酒作醋，缫丝织布，种桑植麻，还有药圃、作坊。总之，凡是生产上生活上用得着的东西，田庄里应有尽有。谢灵运自称"春秋有待，朝夕须资，既耕以饭，亦桑贸衣，艺菜当肴，采药救颓"。这样，田庄主人就可以"谢工商与衡牧"了。

庄园经济是六朝时期社会经济的重要组成部分。它是以六朝社会中占统治地位的世家大族为所有人，以自给自足为目的，以经营农业为主，兼营果、桑、竹、渔等副业，吸纳众多劳动力，具有较高生产效率的经济实体。西晋末年，五胡入主中原，北方大族纷纷南下江南躲避战乱，他们普遍有着"无田不得食，无田不得立"，渴望得到土地的急迫心态。而当时太湖流域等易开垦的土地，早已为江南土著士族所建的庄园占据，北来的大族们要建立自己的庄园，除了依权贱买，就只能圈占江南土著士族尚少染指、原为国家占有的山林川泽，攫取其丰富的自然资源，开辟为田。

北来的大族为占有土地而圈占山泽，划定四至，设置关卡，将自然资源占为已有。土地一经封占，士族就具有所有权，别人不能染指。梁朝大士族琅邪王氏的钟山旧墅，执业两百年，产殖甚丰。梁武帝在钟山西面营造大爱敬寺，和园主王骞商量要买下这些田地"施寺"，王骞说："此田不卖，若是敕取，所不敢言。"后几经周折，武帝逼迫王骞"遂付市评田价，以直逼还之"出售，勉强成交。士族一般将别墅的设置、耕地的开垦和山林经营的扩大联结起来。由于封固山泽和贱值夺买来的土地较为分散，因此六朝世家大族庄园经济的土地分布往往不止一处，有的甚至多达十余处。例如，会稽士族孔灵符，"家本丰，产业甚广，又于永兴立墅，周回三十三里，水陆地二百六十五顷，舍带二山，又有果园九处"。士族往往以别墅所在的庄园为主园，主园的选择往往兼顾生产和享受两大因素。刘宋士族谢灵运在始宁的主园，就是"敞南户以对远岭，辟东窗以瞩近田，田连冈而盈畴，岭枕水而通阡"，既照顾到颐养心性，又便利于开展生产。

庄园是士族维持日常生活的主要经济来源，如刘宋士族沈庆之，"广开田园之业，每指地示人曰：'钱尽在此中。'"庄园管理的好坏，直接关系到庄园主财富的增减和自身生活消费的供给，因此庄园的主园往往由世家大族亲自经营和管理。如谢灵运为经营始宁庄园，"爰初经略，杖策孤征。入涧水涉，登岭山行。陵顶不息，穷泉不停。栉风沐雨，犯露乘星"。主园一般由园主亲自规划设计。

除此之外，园主还要管理主园的日常生产和财物。例如，刘宋时士族谢弘微曾替叔父谢混管理"僮业千人"的大庄园，"弘微经纪生业，事若在公，一钱尺帛出入，皆有文簿"。由于有的庄园占地广大，日常事务繁多，人口众多，园主精力有限，不得不设置类似后世管家的"典计"管理庄园事务。他们虽然依附于庄园主，但不直接从事生产劳动，主要在庄园里监督奴婢和佃客进行生产，对庄园的经济情况进行核算、登记，并向庄园主禀报。永嘉之乱后，北方士族虽举族南迁，但是在迁徙过程中，原来同财共居的大宗族逐渐分离为一个个小家族，同宗的宗族成员也流落各地，这使北来士族建立的庄园，无法再像汉、晋时使用宗族成员作为主要的劳动力，因此六朝庄园中的劳动力，主要是以各种方式脱离国家版籍的逃亡农民、门生义故等依附民为主，外加一定数量的奴婢。庄园主和劳动力之间的血缘宗法关系大大降低，取而代之的是庄园主依靠超经济强制和人身依附来控制劳动力。对于主园外分散在其他地区的田地、产业，庄园主主要是采用佃客分散经营的方式，即在掌握的土地上采取租佃制，将土地分片出租，庄园主保留土地所有权和收取额定地租的权力，对佃客在土地上的生产活动一般不加以控制。

在庄园经济中，农业生产是其主业。庄园内部，主要采用犁耕和锄耕两种方式，水田用犁，旱地用锄。由于庄园雄厚的财力，用牛作为牵引力的犁耕已在庄园中广泛应用，庄园内部，水利灌溉设施较为齐备。例如，谢灵运就在始宁主园中，顺地势水流之便修造了许多小型灌溉工程，"导渠引流，脉散沟并"。此外，庄园一般还经营蚕桑、果竹、樵采、渔牧、冶炼、伐木、采药等副业。谢灵运在《山居赋》中就比较详细地记载了其庄园的种植和经营情况。在农业上除水稻外，兼有麻、麦、粟、菽。在蔬菜副食的种植上，有蓼、蕺、蕞、荠、葑、韭、苏、姜、绿葵、白蘸、寒葱、春藿。庄园内部还有大片的杏坛、橘林、栗圃等。栽种的树木有松、柏、檀、栎、桐、榆、楸、梓等珍奇异木。庄园饲养的鱼类有鳢、鲋、鳄、鳟、鲩、鲢、鳊、鲂、鲔、鲹、鳜、鳝、鲤、鲻、鳣等。鸟类有鸥、鸦、鹊、鹫、鹭、鹞、鹊、鹄、鹳，还有狸獾、熊、豺、虎、㺄、鹿、麇、麂等哺乳动物。庄园还种植大量的中药材，如雷公、桐君、苟七根、五茄根、葛根、野葛根、堇华、芫华、檵华、菊华、连前实、槐实、柏实、兔丝实、女贞实、蛇木

古代农耕图

实、蔓荆实、蓼实、天门、麦门冬、附天、子雄、乌头、水香、兰草、林兰、支子、卷柏、伏苓等。总之，谢灵运的始宁庄园是一个"既耕以饭，亦桑贸衣，艺菜当肴，采药救颓"自给自足的经济体。

六朝时期世家大族庄园经济的迅速发展，离不开六朝国家对山林川泽私有化的认可。《宋书·羊玄保传附兄子希传》就记载有刘宋朝廷承认山林川泽私有化的诏令："大明（457年）初，（羊玄保）为尚书左丞。时扬州刺史西阳王子尚上言：'山湖之禁，虽有旧科，民俗相因，替而不奉，煸山封水，保为家利。自顷以来，颓弛日甚，富强者兼岭而占，贫弱者薪苏无托，至渔采之地，亦又如兹。斯实害治之深弊，为政所宜去绝，损益旧条，更申恒制。'有司捡壬辰诏书：'占山护泽，强盗律论，赃一丈以上，皆弃市。'希以'壬辰之制，其禁严刻，事既难遵，理与时弛。而占山封水，渐染复滋，更相因仍，便成先业，一朝顿去，易致嗟怨。今更刊革，立制五条。凡是山泽，先常煸爁种养竹木杂果为林，及陂湖江海鱼梁鳅鳖场，常加功修作者，听不追夺。官品第一、第二，听占山三顷；第三、第四品，二顷五十亩；第五、第六品，二顷；第七、第八品，一顷五十亩；第九品及百姓，一顷。皆依定格，条上赀簿。若先已占山，不得更占；先占阙少，依限占足。若非前条旧业，一不得禁。有犯者，水土一尺以上，并计赃，依常盗律论。停除咸康二年壬辰之科。'从之。"

 东晋南朝手工业文明

东晋南朝时期，在手工业和商业方面也有很大的发展。

手工业方面，原来南方就有较好的基础，东汉末北方又有大量手工业工人南下，因为东晋南朝南方手工业更加发展。代表性部门有冶炼、纺织、制瓷、造船、造纸等行业。

冶炼业：早在春秋时南方已经发展了冶铁。三国以后，冶炼业无论官营或私营都很发达。东晋南朝冶铁业主要由政府官营。江南有名的冶铸作坊有梅根冶（今安徽贵池县东）、冶塘冶（今湖北武昌东南）和中央设置的东西二冶，规模都很大，产量也高。南北朝时冶铁技术的新成就是"灌钢"技术的发明。这种炼钢方法就是把生铁和熟铁混杂在一起冶炼，效率高、品质好、成本低、工艺简便。

纺织业：（1）用麻织成的布品种增加和质量提高。品种上有越布、香葛、细葛、南布等。其中高级织品极为精巧，以至刘裕因其"精丽劳人"而下令禁织。由于技术改进，到南朝末年出现了晚上浣纱而第二天早晨就织成了布，叫"鸡鸣布"。（2）丝织业有很大发展。刘裕灭后秦，曾把关中锦工迁往江南，成立锦署，此后南方高级丝织业有了进一步发展。例如，丝织品罗縠要花一个月织成，制成幔后，内外相观，飘飘然如烟雾。南方还培养出优良桑种，豫章、永嘉、闽中等地，出现了一年四熟、五熟、八熟的蚕。

制瓷业：我国是世界上最早发明瓷器的国家。早在商代，已有原始瓷器。汉朝已开始盛行以氧化铅为主要熔剂的低温色釉，釉色大体上有黄、绿、褐三种，其中尤以绿釉最为突出。当时带有光泽青釉的瓷器，称为青瓷。青瓷是中国瓷的鼻祖。东晋南朝是青瓷发展的成熟阶段，青瓷烧造成为专业。当时的瓷业以越窑规模最大，产量最高，质量最好。越窑的主要产地在浙江上虞、余姚、绍兴等地，原为古代越人的居地，这里是我国最先形成窑场众多、分布地区广、产品风格一致的瓷窑体系。这里烧的青瓷使用的原料土黏度高、质地细、耐火力强、含有铁质、釉色灰青、透明而润泽、洁白如玉，在当时已能够大量生产，为南朝上流社会广泛使用。近年来江苏、浙江六朝墓葬都有青瓷出土。宜兴西晋大将周处墓出土物中青瓷类达 42 件之多。其中神兽尊工艺复杂，是青瓷中的精品；熏炉极为精巧，表现了高超的烧制技术。还有仿生活用品的青瓷杵臼、米筛、畚箕、水桶、猪圈等出土，说明青瓷用途已在生活中十分普及。它已逐渐代替漆、木、竹、陶、金属制品，显示出胜过其他材料的优越性质。

造船业：南方水道纵横，舟船成为重要交通工具。中国造船业有悠久的历史。1974 年在广州发现秦汉造船工场遗址，规模大，技术先进，有三个造船台。三国孙吴曾派万人船队到夷洲（台湾）和辽东半岛。东晋南朝造船业更有新的发展。建安郡的侯官（今福建闽侯）、番禺（今广州市）都是造船业中心。湘州也是制造大船的据点之一。《荆州土地记》："湘州七郡，大艑所出，皆受万斛"。东晋末年，桓玄曾率船舰 200 艘与刘毅大战于峥嵘洲（今湖北黄冈西北长江中）。卢循、徐道覆北伐，有八槽舰 9 艘，皆四层，高 10 余丈。东晋末建康一次风灾，据说损失的船只达 1 万艘。梁时大船的载重量已达 2 万斛（约合今 100 吨）。有人认为，南齐时有个慧深和尚到了美洲，这美洲就是《梁书·东夷列传》中的扶桑国。如果这一说法属实，那么中国人到美洲要比哥伦布早 1000 年。

造纸业：造纸是中国古代四大发明之一。自汉代发明造纸术后，经过500 多年，到南朝造纸业又有了更大的发展。无论在产量、质量、加工等方面都有新的提高。在原料方面，90%仍为麻，此外，又发展到桑皮、藤皮、稻草、麦秸。南方的"藤角纸"是上品，质地优良，常用作文书。藤是野生植物，角是量词，古公文一封为一角，一张纸亦称一角，故叫"藤角纸"。在品种上，除白纸外，还能制造青、赤、绿、桃花等色纸。白纸比汉纸更平滑、细薄、洁白。南梁萧绎《咏纸》诗云："皎白犹霜雪，方正若布棋"。纸的产量也有很大提高。梁简文帝萧纲做太子时，把四色纸 3 万张送人。大书法家王羲之任会稽内史时，一次赠送谢安纸 9 万张。东晋南朝纸已不再是贵重难得之物。东晋末桓玄曾下令"今诸用简者，皆以黄纸代之"。南朝时，纸已完全代替了竹简和绢帛，这对学术文化、科学乃至书法艺术的发展都有重要的意义。农业和手工业的发展，促进了城市、商业和贸易的发展。

 ## 群雄割据下的对外贸易

三国魏晋南北朝这一时期，中国分裂了三百六十余年，在北方，社会经济遭到了严重的破坏；但是在南方，社会经济却在不断发展。长江流域经济地位明显地上升，对外贸易已转为海上贸易为主。闽江流域、珠江流域也加快了历史的步伐。孙吴建国东南，吴以水师为优势，倡导航海，曾遣舰队万余人进驻台湾。公元 226 年，把当时辖境很大的交州郡，分为广州和交州二郡，广州下设南海、苍梧、茂林、合浦四郡。这是一项顺应历史发展的明智措施，奠定了广州以后作为我国对外贸易中心的历史基础，并且加快了珠江流域的开发。

公元 226 年，罗马商人秦论来到中国当时管辖的交趾（今越南北部），取道桂湘到武昌见了孙权，申述罗马帝国与中国通商的愿望并介绍了海外概况。孙吴方面表示了积极的态度，碍于当时的客观条件，还不可能和罗马帝国建立经常直接的贸易关系。但通过第三国的中转，中国和罗马之间的贸易往来则是可行的。同年，吴国派出重臣朱应、康泰前往林邑（今越南南部）、扶南（今柬埔寨）和马来半岛等地。俩人返国后，分别著有《扶南异物志》和《外国传》。这两本书虽在唐代已佚，但吴和印度支那的历史交往事实是永存的。

公元 317 年，晋元帝在建康建立了东晋，直到 589 年陈后主被俘的二百七十余年的南朝，历经宋齐梁陈诸朝，都是半壁河山，力图开发江南，以求生存。于是建康（南京）、京口（镇江）、山阴（浙江绍兴）、襄阳、江陵、成都、广州等南方城市，渐趋兴旺繁荣。建康的市景百业，也等于二京（长安、洛阳）之貌。海外贸易经由交州的龙编港（今越南河内东天德江北岸）和广州的番禺（今广州），尤其因为广州北有近道可通中原，又居南粤中央、珠江三角洲北端三江会合之处，南出大海，集天时地利之便，故南朝对外经济贸易重心，已移至广州。交广两州仍为中国南方门户，但已以广州为主。

公元 420 年，刘裕建宋，宋继续东晋的政策，发展海外贸易。宋齐梁陈诸代的对外政策，大致相沿，但宋梁两朝更为积极，主要是和财政收入有关。梁魏南北相峙期间，梁利用海上贸易的优势，不仅自己进口海外异物，而且还利用梁魏边镇互市，做北魏的转口生意。梁内有朝廷之需，外有边关之费，又和北魏对垒，军费浩繁，仍能财政充裕，海外贸易是一条财源之路。北魏贵族虽出身于鲜卑部落，但多年安逸也逐渐改变了原来的艰苦习性，已与封建地主阶级过着同样的骄奢淫纵生活，因此也需要从南朝转口来的香药等物。南北互市有助于当时的和平安定。

北魏政权也是从实际的经济利益出发而提倡对外贸易。他们除和南朝互市外，仿效秦汉做法，开展陆道丝路贸易，因为河西走廊是兵家必争之地，又是丝道咽喉之禁区，北魏无力控制河西走廊之时，又开拓了从延安出发，绕行于山间去武威的丝绸叉道，保持了西域古道上的贸易往来。

南北朝期间，着重发展了南海贸易。林邑、扶南、阇婆（今爪哇岛）、干陀利（今苏门答腊）、狮子国（斯里兰卡）、天竺（印度）等地，都和中国保持和发展了经济贸易关系。进口货物有象牙、犀角、珍珠、琉璃、吉贝、香料之属，输出品多为绫绢丝锦等物。宋代南朝统治了约六十年，由于倡导海外贸易，故在南海的洋面上出现了"舟舶继路，商使交属"（《宋书·蛮夷传论》）的局面。对外招徕，蕃客自来，这是中国贸易史上的经验。梁代每年接待的外国商舶约在十余批左右。

南朝的对外贸易已较两汉有所发展。明显的区别：一是海上贸易已占绝对优势；二是对外贸易已采取比较灵活和放宽的政策，给予外商较多的自由活动，仿租调制征收实物税后，货物可自由贸易。由于南北朝的分立，国家未能统一，又影响了对外贸易的发展，北方的丝绸产品不能顺利出口，海外商人多从南方入境，不便来到北朝贸易。历史要求国家统一的规律是不可阻挡的，秦汉以来的对外经济贸易也要求统一的国家来为它提供更多的周旋余地。

第
三
章

三国两晋南北朝的赋税制度

控制和争夺工地与户口，一直是历来封建王朝谋求充裕财力、巩固统治的着限点。处于战争动乱分割而治的状况下，更是如此。东汉末，地方军阀混战。在稍得喘息之区，大量土地为士族豪强地主抢占。他们纷纷广筑坞堡，招募流亡，广占部曲私属荫附户口，出现了不少自保自足的大小土围子，分夺了国家的财力、物力、人力。自三国开始，面对这种经济衰退而又财办分散的情况，如何通过田制、田租的整顿，从其所能控制的土地与户口的范围内，征收更多的赋税，成为近三百七十年中各个王朝统治者力求乱中应变，治政图存图强的头等大事。以土地农业收益为依据的田赋征收制度，从而出现了不少流迁变易，大致情况如下。

1. 曹魏时实施的"田租户调制"

曹操在汉末主政。鉴于其统治地区经黄巾之乱多成废墟，大量荒田待垦，军需民食不足，采取了包括民屯和军屯两种形式的屯田制，专置屯田官，将战争中夺得的劳动力和耕牛，先在许昌附近开辟屯田，然后推而广之。规定屯田区的土地属封建国家所有，耕种屯田者称为佃客（军屯则分派军士耕种），分种国家土地。凡用官给耕牛的按四六分成取租，自备耕牛的对半分成取租，佃客向国家交纳田租后，不再负担各种徭役（当时蜀，吴两国也行类似的屯田制）。曹魏统一中原后，对各地自耕农，又改按每亩交纳田租四升稻谷，使汉末百分税一，对地主等于免纳田租旧制，发生了改变。同时废除了两汉时行之已久的口赋与算赋制，改为按户每年纳绢二匹，绵一斤，不再额外多取的"户调制"，自此，创制了一种新的田赋征收形式。

2. 西晋的"占田""课田"制和"户调之式"

西晋统一后，因魏初实施的民屯制，在豪强兼并扩张下渐趋破坏，国家租赋收入为豪强侵夺而受到损害，于是罢去屯田官，推行"占田""课田制"，凡民屯土地，改归郡县管理，佃户或仍属佃客，或成自耕农，除军屯田外，规定每一丁男占田数为七十亩，女为三十亩；丁男应负担田租的土地为五十亩，丁女为二十亩，次丁男为二十五亩；负担田租的地，称为"课田"，每亩每年应向政府纳租谷八升。占田数和课田数，并非按户实投，只作为分配占有土地的限数和就户征课田租的标准数，借以促使农户增辟耕地，保证赋税收入和防止脱籍逃税，以便控制土地户口。同时规定丁男之户，每年须向政府调一（纳）绢三匹，绵三斤；次女或次丁男为户者，折半交纳；边远地区及少数民族耕户则另有规定；征收租调时，按贫富程度分为九等，分等定级，称为"户调之式"。为了解决官僚地主古有土地和荫附户口存在过多之弊，还按官品高低规定占有土地和荫附为生的食客限数，以示对特权者有一定限制。但由于政府既未能控制国内的土地户口实数，又难以遏制豪强兼并势力扩张，创行的占田识田制，实效不大。至于分等定级的户调之式，在南北朝时则仍多沿用。

3. 北魏的"均田制"和"租调制"

西晋王朝仅五十一年即被崛起的北方民族灭亡。随即出现十六国近百年的分裂割据之乱。至北魏孝文帝时，北方地区始重归统一，当时，孝文帝采纳了汉族大臣建议，对财经和赋税制度做了一次全面整顿改革，主要内容是实行"均田制"和"租调制"。

均田制规定，除桑田外，一般耕地都属于国家所有，归国家分配，私

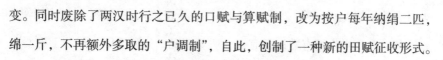

人只有使用权无所有权。实行办法是：（1）按照人丁年龄、土地耕作物，奴婢劳动力，耕牛拥有数以及官吏任职等情况，分配授田。每一丁男女在及丁年龄内，可授露田四十亩，备耕田四十亩或六十亩（视土地状况而定）；每一丁男另授桑田二十亩，子孙可以承袭。具有永业性质；凡拥有奴婢者，比照授田，奴婢出卖后，所授之田归还政府。每户授田可拥牛四头，每头牛另授露田三十亩，备耕田三十亩，牛死或出卖时还田官府；地方官吏在任职地按其官职大小，授差等限数的公田，调职免官时须移交下任。（2）实行均田前，先经清丈土地，地方基层建立了以五家为邻，五邻为里，五里为党，分置邻长、里长、党长的"三长制"，以管理土地、户口、赋税等事宜。北魏的均田制是我国古代实施土地国有进行合理分配的一次实践，对于破除当时豪强势力拥占土地荫附户口，分夺国家财政赋税之弊，促进农户生产积极性，增加财赋收入具有一定的成效。其中土地分配，区分为"口分"与"永业"之制，并为隋唐时沿用。

北魏颁行的租调制，它的主要内容是：以户为课税主体，并以一夫一妇为户，规定每户年纳布帛二匹，粟二石，另有一些什调；年满15岁的未娶丁男，从事耕织的奴婢，以及拥有耕牛二十头者，须另纳一定数量的租调；朝廷就租调收入的布帛总数，分为十五份，内十份作为公调，二份作为调外费，三份作为内外百官俸禄之需。为了改变原来官无俸禄，依靠剥夺奴役贪污为生的情况，还全面实行了官吏"班禄制"，为此，规定每户征调布帛在原定二匹基础上加调一匹，谷二石九斗，作为百官俸禄。

此外，还建立农官，实行屯田制。抽取州郡中十分之一的户，由政府给予耕地牛畜，从事屯田耕作，屯田户每年绒粟六十石，免除正赋，兵役和各种杂赋。

4. 东晋南朝的"度田取租"和"从丁计税"制

南渡后建立的东晋王朝，既不实行西晋时的占田课田制，也不仿行北魏时的均田租调制，而是有所变易，采行度田从丁的租调制。

东晋成帝时改就户为度田征收田租，度百姓田，取十分之一，大致为亩税米三升。由于度田仅凭观察，难以掌握田亩实数，易于欺瞒隐报，逃匿税收，一般说拥有田地多者税负多于拥田少者，与豪强地主利益有抵触，因此，孝武帝时又废度田取租，改为从丁计税，即凡王公以下人丁，每口征米三斛至五斛。田地所有者，不再问田亩多少，均依此课以同额税米，结果成为富少贫多，税收大部分转由农民负担。南朝各代田租办法，大体承袭东晋之制，但亩收租米则增为五石，梁、陈时每亩尚须另纳禄米二石，共达七石，其间尚有按亩征收二升附加者，因需而异，不尽一致。至于户调规定，亦有变易，东晋时户丁男征调年龄改为年十八正课，十六半课，丁女以二十岁为丁，较西晋相比为宽了；征调实物改为岁征布四匹，较西晋调绢三匹，绵三斤为轻；南朝宋、梁、陈时并改为按丁征调，每丁男调布绢各二丈，丝三丈，绵八两、禄绢八尺，禄棉三两二分，租米五石，禄米二石，丁女半之，而男女以年十六至六十为丁，较东晋而言就重了。

扩展阅读　馒头等面食的由来

　　我国是个农业大国，农业文明的发展历史悠久，是世界上最早培植水稻、稷、黍等作物的国家。上古时，人们最重要的粮食食物是稷，黍则被认为是一种好吃的粮食，常用于年节或待客。后来麦也成了主要的粮食作物之一，但极少用来磨制成面食，只是做成干饭食用。古时五谷（稻、黍、稷、麦、菽）皆可作饭。例如，黍饭、菽饭等，古人以吃米饭和麦饭为多。直到汉代古籍中才有了关于饼食的记载，魏晋以后逐渐增多。这说明，汉代以后，主食有一个显著变化，就是面、点、糕、饼类的食物有了很大发展，到魏晋时开始占主要地位。

　　古代以面调水拌合而制成的面食，如点、糕、饼都通称为饼，如现代的馒头古名"蒸饼"；凡是水煮或油炸的面食，如面条、馄饨、水饺、元宵、油糕之类称"汤饼"。《御览》引《续后汉书》载："灵帝好胡饼，京师皆食胡饼。"《齐民要术·水引·法条》对馄饨、面条的做法都做了详细说明。古时不单馒头称"蒸饼"，把所有用蒸笼蒸的各式花馍、包子、糕点、蒸饺等都统称为"蒸饼"。起初不发酵，有"牢执"之称；后来才有了发酵技术，名为"起胶"，这就有了"起面饼。"据《南齐书》载，西晋元康九年（299年），规定太庙祭祀用"面起饼"，实则馒头。蒸饼的形状不断改进，由扁平逐渐变成圆形，这就成了馒头。相传馒头一词，是诸葛亮发明的，《事物纪原》说诸葛亮南征时，见当地土族杀人取头去祭神，就让他们用面做成人头状的饼来代替，起名"馒头"。当时的馒头类似于今天的包子，是有馅儿的，后来才改成无馅儿的。

魏晋时期饼类食品的烹饪水平已非常之高，晋人《饼赋》中曾对蒸饼的做法、色泽、形状、气味做过细致而生动的描绘，从制饼的面粉到揉和成面团，用的馅料，所施调料，蒸时掌握的火候等细枝末节都有详述，可见当时饼类食品也已很普遍。

除蒸饼和汤饼之外，还有用炉烘烤的饼干、烧饼、各式糕点之类称"炉饼"，也有油炸的馓子，又称"细环饼"。

魏晋时期，主食除面食之外，当然也包括先秦就出现的米饭和麦饭以及其他粮食制品，常见的有粥、蒸饭、糇（干粮）、稠粥、糍粑、糗（炒熟碎的米或豆类制作的饭食）。北方多食麦饭麦粥，南方以食稻米为主。南方还有一种雕胡（也叫茭白）饭。总之，主食品种多种多样，促进了我国饮食文化的发展。

第四章

鼓角齐鸣
——魏晋南北朝的军事文明

魏晋南北朝是中国历史上政权更迭最频繁的时期。由于长期的封建割据和连绵不断的战争，使这一时期军事文明的发展受到特别严重的影响。主要表现在军事繁兴，军制复杂多变，新军制突出等多方面。

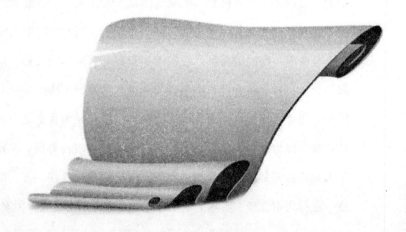

魏晋时期的兵户制度

兵户制度是魏晋南朝时期兵制的主要制度，是各政权兵源的制度性保障。兵户制度主要是指兵民分离，兵家终生为兵，父死子继、兄终弟及。兵户则是指在该项制度下形成的，世代以当兵为职业的社会阶层。兵户制度最初形成于曹魏时期，东汉末年的连年战乱，使民众流散，人口锐减，经济的崩溃又使小农无力承担兵役。因此，曹魏为确保充足、稳定、可靠的兵源，即放弃汉代的征兵制，转而采用东汉末年地方豪强组织私人部曲的方式来组织国家军队，即实行带有极强依附性的兵户制度。

东汉初平三年（192 年），曹操在兖州受降黄巾军三十余万，男女百余万口，从受降的黄巾降户中挑选精锐，组成青州军，至曹操病逝，青州军历时二十八年始终存在，形成了一个自成编制、与众有别的特殊集团。曹操创立青州军，是兵民分离的最先尝试。东汉末年，战乱频仍，普通百姓朝不保夕，而军队却大多能够保证生命安全，因此当时军人家属随营的现象十分普遍。当时的将帅，还有承担赡养士兵家属的义务，从而使随军家属与兵士一样受将帅的严格控制与调遣。为确保军队的战斗力，有时随军的妇女也要投入战斗，有作战能力的男子继父兄为兵更是十分常见，"父死子继"成为通例。建安九年（204 年），曹操攻占邺城，平定冀州，遂将军人家属迁至邺城一带聚居，实行"人役居户，各在一方"的"错役"制度，进行集中管理，实际上是把将领和士兵的家属变成了国家控制的人质，兵民分离之制至此确立，兵户（士家）制度由此形成。名在兵籍的士家，由此成为魏晋南朝时期世代充当国家军队兵源的一个特殊阶层。

　　曹魏时期对兵户（士家）的管理十分严格，兵户有专门的兵籍，兵户的子女称"士息""士女"，改变身份需要皇帝的诏书。兵户士家要受军纪军法的严格约束，如曹魏时期有"士亡法"，法令极为严格。如果士兵逃亡，要"考竟其妻子"，于此曹操"患犹不息，更重其刑"，规定士兵逃亡，要将其妻子和儿女没为官奴婢甚至处死。为保证士家的补充靠本阶层的人口增殖来完成，曹魏除了规定将寡妇强行配给兵士外，又严格规定：士家的女儿只能嫁给士家，士家的妻子因夫死改嫁，也只能嫁给士家。仕途方面，由于兵户属于社会下层，很少能够当官，要仕进往往需要权贵、名士的提携，但这种机会又很少。例如，士家子赵至志在"宦学立名"，到了当兵年龄却无人识拔，当时士家子逃亡，全家都要受法律的惩治，为避免父母受牵连，赵至于15岁时被迫装疯出走，改换名姓，远走辽西，成为良民。后来，赵至还担任了辽西郡的上计吏。赵至虽然踏入仕途，但他士家子的出身一旦暴露，自己所有的努力就要前功尽弃，全家人也要跟着遭殃。因而，赵至在衣锦不敢还乡、不能荣养父母、母亲死后不能尽孝这些痛苦的长期折磨下，最终呕血而亡。

　　在兵户（士家）制度建立初期，由于军事战争的需要，曹魏在经济上还给予兵户一定的优待，这使兵户的地位和处境要略高于郡县民、屯田客。随着三国对峙局面的形成，战事减少，魏文帝即位后，士家的社会地位开始出现下降趋势，士家也开始被强制性地承担屯田义务，士家遂由专门服兵役，变为"出战入耕"。西晋代魏后，仍然维持了兵户制度，并加大了对士家的剥削，将屯田的征收额增加为"持官牛者，官得八分，士得二分；持私牛及无者，官得七分，士得三分"，使士家的负担大大高于屯田户、郡县民。

西晋末年，胡族入主中原，西晋在北方的统治崩溃，北方大乱，人口四处流散，原有的士家兵户制度荡然无存。东晋政权为了建立一支由国家控制的军队，便采用调发奴隶、宾客等依附人口、谪补罪人家属、搜查抓捕亡户、逃兵等措施重组兵户。由于这些兵户来源本身就是社会最底层的贱民，因此东晋南朝兵户的社会地位较之原来更低，处于社会的最底层。同时，豪门权贵还可以利用权力，将他们由兵户变为私家控制的依附人口。

东晋时期，改变了魏、晋的"错役"制度，将兵户的家属安置在军营中，集中管理。兵户承担的劳役十分沉重，"或年几八十，而犹伏隶；或年始七岁，而已从役"。士族权贵往往任意驱使兵户。例如，"永明中，二宫兵力全实，文惠太子使宫中将吏更番筑役，官城包巷，制度之盛，观者倾都"。

就兵户而言，除了战死外，为了使自己和子弟不再遭受非人的折磨，一方面被迫"断截支体，产子不养"；另一方面就是逃亡和设法寻求荫庇。例如，东晋孝武帝太元十六年（391年）春，"发江州兵营甲士二千人，家口六七千，配护军及东宫，后寻散亡殆尽"。为此，东晋和南朝对于兵户的逃亡，往往采取十分严厉的惩罚措施，规定：兵士一人逃亡，全家补兵。一家逃亡，亲戚旁族补

东晋孝武帝像

兵。后来扩大至一人逃亡，邻伍补兵。邻伍又叛，则合村皆空。其结果往往是"毒遍婴孩，虐加斑白。狱囚恒满，市血常流。男不得耕，女不得织。奔驰道路，号哭动天"。由于兵户的战斗力极差，加之逃亡、病死和士族权贵的肆意分割，到刘宋时，兵户人数锐减，难以构成军队作战的主力。为此，大明二年（458 年），宋孝武帝下诏大规模的放免兵户："先帝灵命初兴，龙飞西楚，岁纪浸远，感往缠心。奉迎文武，情深常隶。思弘殊泽，以申永怀。吏身可赐爵一级，军户免为平民。"后来，兵户制度变成了惩罚罪犯的手段，如南朝梁就有"劫身皆斩，妻子补兵"的法条。

知识链接

北府兵

指东晋谢玄招募、训练的一支军队，因其开府于长江以北的京口，故称北府兵。东晋桓温执政时，考虑到南徐州、南兖州（今江苏镇江、常州一带）北来侨民侨户"人多劲悍"，曾想将他们编成一支新军，可是还没实施，桓温随即病死。谢安执政后，为了充实长江下游的军事力量以拱卫首都、抗衡上游，谋划筹募建立新军。377 年，东晋任命谢安兄子谢玄为南兖州刺史，负责筹组新军。谢玄又把南兖州的军府，从京口移到广陵。南徐、南兖两州侨户，纷纷应募入伍，彭城刘牢之"与东海何谦、琅邪诸葛侃、乐安高衡、东平刘轨、西河田洛及晋陵孙无终等以骁猛应选"。谢玄以牢之为参军，领精锐为前锋，百战百胜。这支新军，经过七年的长期训练，成为一支精悍能战的军队，号为北府兵（当时称京口为北府）。从此，北府兵成为东晋朝廷在长江下游的主要军事力量。

南朝武装力量的构成

南朝时，武装力量主要有以下几种。

1. 中央宿卫军

魏晋以来，以中、外军为显著特色的武装力量体制，至南朝发生了重大的变化。宋建国之初，置"领军将军一人，掌内军；护军将军一人，掌外军"。所谓内军（中军），即领军将军统领的驻屯于台城（皇帝居处）之内的宿卫军，其任务是保卫皇帝和宫廷；外军，即护军将军统领的驻屯于台城之外的宿卫军，其任务是保卫首都及其周围地区，亦是战略机动部队。因此，南朝的内、外军之分只是中央宿卫军的内部划分，与魏晋时期的中、外军之分在内涵上有明显不同。

宋的中央宿卫军由刘裕所领的北府兵精锐转化而来。内军与东晋略同，有左卫、右卫、骁骑、游击各军。宋初，领军将军除统率上述诸军外，还有直属领军营，后又省撤。刘裕为了加强内军，曾一度复置屯骑、步兵（梁为步骑）、越骑、长水、射声五校尉及虎贲中郎将、冗从仆射、羽林监三将，增置殿中将军至 20 人。孝武帝即位后，对宿卫兵进行整编，复置卫尉，并在殿门与上阁门增置宿卫兵，以增强皇宫的宿卫力量。梁时，改骁骑将军为"云骑将军"，游击将军为"游骑将军"，另置左、右骁骑将军和左、右游击将军，位在云骑、游骑将军之上。

六军中的领军将军，是内军首领，资历名望轻者称"中领军"。由于领军将军掌管"天下兵要",权力很大,南朝人称其为"端戎"。外军的首领护军将军,资历名望轻者称"中护军",有直属护军营。护军将军的地位要低于领军将军,但权力也很大,与领军将军并称"领护",时"诸为将军官,皆敬领护",南朝人称其为"总戎"。

南朝皇帝为了加强对中央宿卫军的控制,除选用亲信担任统帅官外,更由其幸臣担任"制局监"一职,专掌军事,以便加强对军队的控制。制局监本是一个"领器仗兵役"的"小司",南齐时权力增大,成为与领、护将军平行的军事领导机构,有时更凌驾于正常军事机构之上,成为中央宿卫军实际上的最高统帅。例如,齐武帝时吕文度为制局监,"专制兵权,领军将军守虚位而已。"这种做法虽然加强了君主对军队的控制,却也带来了军事指挥上的混乱等弊端。

南朝各代太子东宫的宿卫兵,也是当时京师的一支重要军事力量。刘裕时,东宫兵除太子左、右二卫率所统将士外,又增太子屯骑、太子步兵、太子翊军三校尉营。由于太子的皇储身份,东宫兵实力很强,在宋文帝时曾达到万人。东宫兵由太子亲自掌管,自成系统,不隶于领军将军。东宫设太子詹事一官,职比朝廷尚书令及领军将军,总理东宫宿卫等事。宋室曾规定,东宫兵不得进入台城;但朝廷有战事时,东宫兵须接受皇帝调遣,出征作战。宋孝武帝即位后,认为东宫兵权太重,又撤去三校尉营,并减少东宫兵力,仅留左、右二卫率。

南朝中央宿卫军的总兵力不见具体记载,但一般认为数量很少,远不如魏晋时的中军。然而从南朝中央宿卫军的几次出兵看,其总兵力至少有10万人。

2. 都督军队

魏晋以降至于南朝,都督的设置已成制度。都督府成为南朝地方上的重要军事领导机构。南朝都督沿袭两晋,按权力大小分为使持节、持节、假节及都督诸军、监诸军、督诸军等各种名号。承两晋以来都督滥设的趋势，南朝都督遍设于境内各地。都督区少则数郡，多则数州。都督掌一个方面的军事大权，通常还兼任辖区内重要州、郡的刺史或太守等地方长官，既掌军，又治民，成为居于州之上的地方军政长官，其都督府遂成为一方军政领导机构。

都督军队常由朝廷配给，其性质是中央直属军队。刘宋时，晋熙王刘燮任郢州刺史，即由朝廷"配以资力，出镇夏口"。又有被朝廷派出进行征讨的中军，有时留于方镇转为都督军队的。例如，宋护军将军萧思话率精兵三千助镇彭城（今江苏徐州市），不久他转为监徐、兖等四州军事，兖徐二州刺史，其所领中军遂转为都督军队。皇帝对都督军队征召调遣有一些具体限制。例如，宋孝武帝曾诏令"自今刺史守宰，动民兴军，皆须手诏施行""自非临军战陈，一不得专杀。"

南朝都督拥有的兵力十分可观，所谓"群蓄岳峙，锐卒精旅，动有万计"。有些大州都督所拥有的兵力更是大得惊人，如宋时沈攸之担任荆、湘等八州都督和荆州刺史时，有"战士十万，铁马二千"。因而南朝各地的都督军队，在总数上已大大超过朝廷的中军，即便是某些大州都督一州的兵力，也足以与中军相匹敌，这也是南朝时期内轻外重政治军事形势的根源所在。由于拥有足以与中军相匹敌的实力，有些大州都督完全有条件抗命不遵，乃至起兵谋叛。因而，南朝方镇起兵向阙者史不绝书，而齐、梁二朝的开国皇帝更都是以方镇军队起事成功，从而夺得帝位的。

3. 州郡兵

州、郡是都督之下的地方军事机构。这里所讲的州兵，对南朝为数不多的未设都督的州来说，即指州所拥有的地方兵；而对设有都督即一州有府、州两套官僚机构的州来说，则指原州系统下的州兵。州刺史僚属中有"祭酒从事史"一职，主掌兵事，置员人数随州之大小而不等，但州兵的最高指挥权在刺史手中。南朝郡守下设尉一人，主掌兵事，但郡兵的指挥权也是在郡守掌握之中。

州郡兵的主要职责是维持社会治安，保证封建统治秩序。州、郡根据大小领兵不等，以郡来说，多者有兵数千人，少者也有数百人。

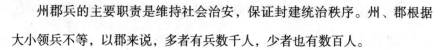

南朝的兵种与编制

南朝据有长江中下游地区，江河湖泊星罗棋布，水运便利，而且先后以黄河、淮水、长江为守，因而其水军兵力比较雄厚，是军队中的主要兵种。南朝各代出兵，或以舟师为主，或必辅以舟师。刘裕在晋末几次北上作战，都是以水军为主。宋文帝刘义隆抗击北魏军队南进，沿长江建立防线时，"游逻上接于湖，下至蔡洲，陈舰列营，周亘江畔，自采石至于暨阳，六七百里，船舰盖江，旗甲星烛"。宋南郡王刘义宣起兵反叛时，"率众十万发自江津，舳舻数百里"，可见当时水军之盛。到陈朝时，水军拥有拍舰（一种大量设置抛石机以从远处轰击敌舰的专用战船），杀伤力很强。例如，吴明彻讨伐华皎时，"官军以大舰拍之，贼船皆碎，没于中流"。

尽管南朝水军的规模很大，但大范围的攻守作战仍有赖于步、骑兵。步兵也是南朝军队中的主要兵种。南朝各代宿卫守边，攻伐征战，都离不开步兵，有时水军弃舟登岸，即成步兵。步兵在南朝军队中占有极其重要的地位。刘裕所统的北府兵，纪律较好，作战强悍，屡立战功。但从总体上看，南朝骑兵不够强大，远不如其水、步军那样发达。南朝境内大部分地区不产马匹，马匹资源始终比较贫乏。素称兵马大镇的雍州，在梁武帝萧衍起兵时，仅有"马千余匹"。宋荆州刺史沈攸之有兵士 10 万，战马也只有 2000 匹，而这已是南朝强藩拥有骑兵的最高数字。即便朝廷的中军骑兵，从几次出兵的情况看，也不过万余人。

南朝军队的编制序列大致为军、幢、队、什、伍等单位。

南朝军队最高一级的建制单位是军，当时出兵作战防戍，大体皆以军为单位。刘宋明帝时，殷孝祖为前锋都督进讨雍州刺史袁凯，"前锋有五军在虎槛，五军后又络驿继至"。南齐时，为防北魏南进，"乃于梁山置一军、南置三军、慈姥置一军、洌州置二军、三山置二军、白沙洲置一军、蔡州置五军、长芦置三军、菰浦置二军、徐浦置一军"。军的首领称"军主"，副首领称"军副"，各军皆置军主、军副，负责指挥全军。一军所领兵数，史籍没有明确记载，但从一些散见史料可推知大概情况。南齐时，豫章王萧嶷曾命帐内军主戴元孙率二千人出外作战。齐末梁武帝萧衍起兵时，石头军主朱僧勇率水军二千人归降。《梁书·萧方传》载，梁末侯景之乱时，荆州刺史萧绎"遣步骑一万，使援京师"；《陈书·淳于量传》记载此事时说，萧绎"凡遣五军入援京邑"。可见，一军约为 2000 人。此外，当时还有 1500 人之军。例如，刘宋时，荆州刺史沈攸之曾派军主孙同、沈怀奥率军 3000 人援助京师。梁武帝时，军主王怀静筑城戍守肥水堰，后北魏攻陷其域，"千余人皆没。"齐武帝也曾遣军主张应期、邓惠真率"三千人袭豫章"。另有一些军只有兵力 1000 人，如宋明帝时，军主王敬则率 1000 人隶于刘怀珍麾下出征。又宋陈显达为军主时，率 1000 人镇守下邳。根据以上史料，南朝正常建制的军所拥有的兵力分别为 2000 人、1500 人、1000 人三种情况，这与当时的置军情况正好吻合。东晋、南朝袭西晋旧制，诸王国根据户数分为大、中、小三等，"大国置上、中、下三将军……次国置中、下二将军；小国置将军一人。"而依据晋制，王国置军，"大国中军二千人，上、下军各千五百人；次国上军二千人，下军千人。"可见自西晋至南朝，军素来有 2000 人、1500 人、1000 人之分。其中 2000 人及 1500 人的军多为中军或大州都督所统军队，而且更为常见。

军以下的建制是幢。幢介于军与队之间，因此当时常有"军幢"或"幢队"并称。宋竟陵王刘诞反叛时，其"幢主孙安期率兵队出降"。说明幢的建制在队之上。从史籍记载看，幢主的地位不低，如宋蒯思"以宁远将军领幢"。宁远将军虽为小号将军，但当时以小号将军出任军主的却不在少数。又宋卜伯宗以正员将军为幢主，而正员将军属宫廷宿卫将领，地位当然不低。而与他同时的皇甫仲远以正员将军出任军副，可见幢主身份地位与军副相差不多。一幢的兵力大约为 500 人。例如，宋时，"幢主杨仲怀领五百人居前"，后"仲怀所领五百人死尽"。又，《宋书·索虏传》称："城内有虏一幢，马步可五百。"这虽然是北魏军队的情况，但也可作为南朝军队编制的参证。

幢以下的建制单位是队，每队设队主、队副各一人，但由于队主所统兵力不多，大约有兵 50 人，所以身份地位很低。西晋皇帝出行仪制中有"步骑兵卒三十队，每队五十人"。刘宋"兼用汉、魏之礼"，仪制应与西晋相同。关于队的兵力还有一些特例。东晋末年，刘裕进攻刘毅，攻破江陵时，"大城内，（刘）毅凡有八队，带甲千余……金城（内城）内……尤有六队千余人。"这里的队有百余人至 200 人许。又，刘裕北伐后秦时，遣白衣队主丁旿"率七百余人……为却月阵"，一队竟有 700 余人。上述队所有的兵力属于特殊情况，不是队的正常建制。

队以下是什、伍等传统的军队基层建制，按传统惯例，十人为"什"，设什长一人；五人为"伍"，设伍长一人。

知识链接

武器装备与军需供给制度

南朝军队的武器装备制造，统由尚书库部郎负责，兵器平时入武库统一保管，战时按规定分发军队使用。水军装备则由都水使者或尚书水部郎负责。

南朝的军需供给，除来自编户农民交纳的赋税外，军屯州郡公田的收入也是重要来源。

南朝的军屯主要分布在边境地区，由统兵将领组织经营。例如，刘裕曾派毛修之修复淮南芍坡，屯田数千顷；刘宋时镇守襄阳的张邵，"修置堤堰，开田数千顷。"梁武帝时，萧儋在荆州，裴邃在竟陵，夏侯夔在豫州，都曾开置屯田。但总的说来，南朝的屯田规模不大，分布的地区也比较有限。

此外，各州郡还有役使武吏课种公田的制度。武吏同军户一样，也是终身为吏，世代相袭的，平时主要为政府提供劳役，耕种公田，战时要当兵出征。武吏耕种州郡公田，交纳"课米"，也是南朝积蓄军资的一种途径。

 北朝武装力量的构成

北朝武装力量主要由以下几部分构成。

1. 北魏军队体制

（1）北魏的中外军：北魏建立之初，军队主要由鲜卑族人的部落兵组成。道武帝拓跋珪灭后燕后，设置了 8 个军府，每府置兵 5000 人。迁都平城后，为了防御柔然等北方少数民族的进犯，又在北部边境地区设立镇戍。地方军府和镇戍的设置，以及军队规模的扩大和民族成份的变化，使北魏军队也形成了中、外军之分。中军指王朝中央直接控制的机动军队；外军指驻屯外地的戍守军队。外军又有镇戍兵和州郡兵之别。

（2）中军：中军是北魏军队的主力，其主要成分是鲜卑部落兵。中军的核心是宿卫军，源于氏族部落时期的扈从队。北魏前期的都统长、幢将等内侍官所统领的军队，便是北魏宿卫军的雏形。太和十九年（495年），孝文帝扩编中央宿卫军，"诏选天下武勇之士十五万人为羽林、虎贲，以充宿卫。"次年，又规定凡随同皇帝一起从平城迁来洛阳的全部士兵，皆为羽林、虎贲。于是羽林、虎贲由宿卫军的专称成为整个中军的通称。其中由拓跋氏宗族子弟中精选出来的卫士组成的部队，称"宗子兵""庶子兵"，是中军的精锐。中兵的兵力约占全国总兵力的一半，其成员虽泛称羽林、虎贲，但根据武艺高低的不同，又分为羽林、虎贲、直从三等。中军既是宿卫军，担负皇宫和京师的宿卫任务，又是中央机动兵团，战时出征作战，还有一部分驻屯于京畿以外的战略要地，戍卫地方。

中军是北魏王朝的主要支柱，因此中军的指挥系统是中央军事统御机构的主要部分。其领导体制前后期有所不同。前期，中军的统帅有都统长、幢将、四厢大将、十二小将等各种名号。后期的领导体制仿效汉制，设领军将军和护军将军各一人。领军将军总统中军，下设左、右卫将军各一人，左、右卫将军以下又各领武卫将军二人，直接指挥羽林中郎将、虎贲将军等所统的皇帝宿卫部队及驻屯京师的中军（亦称"台军"）。护军将军下有东、西、南、北中郎将各一人，直接统带京师四周戍守要津的中军各部。护军将军的职权逊于领军将军，所统四中郎将曾归入领军将军指挥。

（3）镇戍兵：北魏建立后，为了防备北边游牧民族的侵扰，在北疆设立镇戍，派兵镇守。后来，镇戍又设置于南部边界及内地的一些重要地区。镇戍兵的主要任务是戍边守土，有战事时也要受朝廷调遣出征作战。镇设镇将、副将，戍设戍主、副，统率镇戍兵，镇将的地位相当于州刺史，戍主地位相当于郡守，戍主也常由郡守兼任。各镇戍所领兵力，因其地位重要与否而大不相同，多者可至数万，少者不过千余。镇戍兵主要由鲜卑兵和鲜卑化的汉族士兵组成。镇戍兵相对中军而言，可以视为外军。孝文帝改制后，除边防各军镇外，与州并存的各军镇逐渐撤销，由带有将军称号的州刺史所统州兵，代替了由中央直接派出的镇戍部队。

（4）州郡兵：州郡兵即州、郡属下的兵，属于地方军队，相对中军，也可称为外军。天赐元年（404年），拓跋焘下诏"诸州各置都尉以领兵"，这是北魏州郡兵的早期形制。此后随着北魏的四处征伐，在新占领区设官置守，同时在全国各州郡形成了一支为数不少的州郡兵。州郡兵的主要职责是维持当地的社会治安，平定境内的叛乱，保证封建的统治秩序。但朝廷有大规模军事行动或其他需要时，州郡兵也要奉调作战或到外地屯戍。如太平真群七年（446年），与盖吴起义军作战时，就曾发定、冀、相3州州兵2万，去屯防长安南山各山谷，以防止起义军突围。

除上述各类军队外，北魏还有部曲兵。北魏末年，统治濒于崩溃，许多豪家大族，纷纷组织部曲武装。部曲兵都是汉族人，其职能同州郡兵相同。

2. 东魏北齐的军队体制

东魏北齐的军队体制大体沿袭北魏，也分为中军、镇戍兵、州郡兵三部。

（1）中军：驻屯于东魏北齐都城邺及其周围地区的中军，包括领军府、护军府、京畿大都督府以及卫尉寺四个系统的宿卫兵。领军府，置领军将军或中领军一人，统领宫廷（除朱华阁以外）与京城的宿卫诸军。其下属有左右卫府和领左右卫府。左右卫府，各置将军一人，分掌左右两厢，每厢置武卫将军二人和为副统领官。领左右卫府，有领左右将军、领千牛备身各一人，下属左右备身、刀剑备身、备身三种卫士。

护军府，置护军将军或中护军一人，掌京畿地区交通要津与舆驾扈从。其属官有东、西、南、北四中郎将，统辖京师四周战略要点的驻军和各关尉、津尉所辖部队。

卫尉寺，置卫尉一人，掌禁卫甲兵。下属有城门寺、卫士署、武库署，负责掌管宫殿、京城各门及国库的钥匙。

京畿大都督府，置京畿大都督一人，统率除上述各部中军以外的京畿地区所有驻军。京畿大都督和领军将军是皇帝身边最亲信的掌兵统帅，地位极为重要。一般两职分置，但有时也由一人兼任，如北齐后期，琅琊王高俨既任京畿大都督，又兼领军大将军，禁军大权集于一身。高俨被杀后，"罢京畿府入领军府"，领军府于是成为京城内外中央宿卫军的总统帅。

（2）镇戍兵：东魏北齐沿袭北魏的军镇制度，在边防战略要地继续设置军镇，北边主要用于防御突厥，西边则是为了对付北周。北齐多次征发民夫修筑长城，东西绵延3000余里。沿长城一线，"率十里一戍，其要害置州镇，凡二十五所"。设州之地，刺史兼都督诸军事；设镇之地，则置镇将，屯驻重兵。镇戍兵亦多是鲜卑人。

（3）州郡兵：东魏北齐的州刺史，多以军将兼任，统领州兵；并沿袭北魏行台制度，在其重要方面设行台，都督诸军事兼要州刺史。州郡兵不仅负担维持当地社会治安的任务，还在奉调征战和巡行驻守。北齐州郡兵以河阳道和幽州道最多。

3. 府兵制的创建

府兵制创建于西魏、北周，在中国古代军事典章制度史上占有重要的地位。它是在一定的社会条件下，由鲜卑部落兵制与汉晋以来汉族征兵制及世兵制二者的历史影响相结合，而形成的一种独具特色的军事制度。

西魏北周的开创者宇文泰赖以割据的武川军团，主要由改编自关陇各族人民起义军的将士组成。随着与东魏之间的不断战争，西魏军队的补充日渐困难。由于居住于关陇的鲜卑人很少，宇文泰"广募关陇豪右，以增军旅"，并以当地的豪族大姓统领这些汉人兵。为了协调胡汉关系，密切主将与士兵的联系，提高士兵身份以加强军队战斗力，宇文泰将魏晋以来汉族政权一直通行的军民分籍制度，与鲜卑族早期的部落兵制结合起来，逐渐创建了一种新的军事制度——府兵制。

西魏大统十六年（550年），宇文泰仿照拓跋部早期八部大人之制设立八柱国大将军，正式建立府兵制。恭帝元年（554年），宇文泰又仿照拓跋部早期"统国三十六，大姓九十九"的形制，以"诸将功高者为三十六国，次功者为九十九姓后，所统士卒亦改从其姓"，即凡府兵中统兵官，不论汉人还是其他族，一律赐以鲜卑部落旧姓，其所统将士亦从主帅改姓。府兵制下，共设八柱国大将军，其中宇文泰自任其一，又兼任都督中外诸军事，实为府兵最高统帅，另一柱国大将军魏宗室元欣仅挂一个虚名，实际领兵官为六柱国，各领一军，是为六军。六柱国下，各设二大将军，共12大将军；每大将军，又各设二开府，共24开府；每开府下，又各设二仪同，共48仪同；以下还有大都督、帅都督、都督等领兵官。府兵的兵力配备是每仪同领兵1000人，开府领兵2000人，大将军领兵4000人，柱国大将军领兵8000人，总兵力近5万人。

早期府兵包括鲜卑兵、关陇军户、"关陇豪右"所领乡兵，没有一般民户，府兵另附军籍，不编入民籍，不负担赋税。宇文泰、宇文护主政时，府兵虽然名义上是中央宿卫军，但实际的领导和指挥权总统于相府，皇帝根本无权调遣；但同时由于六柱国可以自统下属府兵，军需亦由其负责供给，所以相对于相府也保持着一定的独立性。周武帝宇文邕亲政后，为了进一步集中兵权，下令"改诸军士为侍官"，使府兵成为直属于皇帝的中央宿卫军，提高了府兵的政治地位，削弱了府兵与六柱国的从属关系。为了扩大和保持兵源，周武帝将府兵征召对象扩大至上等民户，后又扩大至一般民户。由于府兵可以免除赋税，人们纷纷应召。为了便于就地集结与管理府兵，北周设立了土著军府。这样，府兵制就摆脱了鲜卑部落兵制的形式，从兵农分离的阶段向兵农合一的阶段过渡。周武帝的改革措施，广泛开拓了兵源，府兵也由此人数迅速增长，因此史称"是后夏（汉）人半为兵矣"。

府兵制不仅为加强北周的军事力量奠定了雄厚的基础，而且也有利于府兵系统内鲜卑族及其他少数民族与汉族的融合，对当时和以后的军事历史产生了深远的影响。

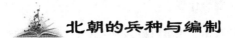

北朝的兵种与编制

北朝军队的兵种主要是骑、步两种，而其中又以骑兵为主。北魏前期，由拓跋部部落成员组成的军队，全部是擅长骑射的骑兵。由于游牧民族的特点，早在北魏建国之前，拓跋部已有"控弦之士数十万，马百万匹"。直到北魏孝文帝改革之前，北魏的军队还基本上都是骑兵。

孝文帝改制后，汉人开始正式负担兵役，又由于北魏势力向南延伸，单一的骑兵已不适合攻城略地，北魏军队中步兵成分逐渐增长。因而北魏后期，步骑协同作战的情况逐渐增多，而骑兵单独出击的实例逐渐减少。至后期，北魏军队的步兵比例已与骑兵相当。但由于骑兵在古代战争中的强大战斗力，骑兵仍是军队主力。

东魏北齐军队中，骑兵所占比例很大。它所拥有的 20 万鲜卑兵，几乎

中国古代兵将

全是骑兵，因而其主管部门称骑兵省。东魏北齐的汉人兵则主要是步兵，其主管部门则称步兵省。东魏北齐的中军即宿卫军多为鲜卑骑兵，而外军即州郡兵和部分镇戍兵则由汉人步兵担任，有大规模军事行动时，则步骑兵配合作战。

西魏北周军队也以步、骑兵为主要兵种，骑兵所占比例同样很大，出征时也常步、骑兵混合作战。

由于与南朝的政治、军事对峙，因而在步、骑兵之外，北朝军队还有一定数量的水军。例如，北魏太武帝为防刘宋北进，就曾"诏冀、定、相三州造船三千艘，简幽州以南戍兵集于河上以备之"。孝明帝时，扬州刺史李崇因萧梁军北侵，"密装船舰二百余艘，教之水战，以备台军"。后李崇又曾派部将李神"乘斗舰百余艘，沿淮与李平、崔亮合攻硖石，李神水军克其东北外城"。说明北魏在与南朝交界的边境一带，部署有一支颇具战斗力的水军。但从北朝整个军事形势看，由于北方少数民族政权的特点以及北方地理环境的条件，其水军很不发达，在军队中所占比例不大，远不能和南朝的水军相比。

北朝军队的基本编制是军、幢、队、什、伍。军是军队编制的最高一级，设军主、军副各一人，统率全军。一军所统兵数，没有明确记载。北魏建国之初，曾设置军府，每军配兵 5000 人，但这并非北魏常制。从一些史料看，北魏一军的正常编制，大约为千人左右，当时有所谓"千人军将"的称呼。这里的军将，大概是指军主或与军主同一级别的统兵官。又，当时的柔然军制是以"千人为军，军置将一人"，可以作为北魏军制的参证。东魏北齐在制度上多循北魏，军的编制应与北魏无大差别。西魏北周府兵制下的仪同将军所统一军亦为千人。大体说来，北朝时期一军的兵力为千人左右。

军以下的编制是幢，幢设幢主、幢副各一人，统领全幢。《隋书·百官志》中记载的北齐官制，以军主、副，幢主、副为序列。其中，军主为从七品，军副为从八品，幢主为从九品，每级相差一品。由于军、幢是序列关系，所以当时常"军幢"连称。一幢所统兵数，没有明确记载。柔然军制是以"百人为幢"。而据《宋书·索虏传》记载，"（汝阳）城内有虏一幢，马步可五百"，则北魏一幢兵力远不止百人。

幢以下有队的编制，队有队主、队副，统带全队。一队所统兵数，史籍也没有明确记载。队以下是什、伍等传统基层建制。

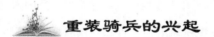

重装骑兵的兴起

魏晋南北朝时期，是中国历史上少有的以分裂和战乱为主要特征的时代，在 324 年中共发生较大规模的战争 400 余次。这一时期骑兵的一个重要变化就是甲骑具装的兴起。

三国时期，中原北部就已出现了大量少数民族。两晋南北朝时期，北方游牧民族大量进入中原，对中原政治、经济、文化以及军事都产生了强烈的冲击，连年的战乱也在客观上推进了军事科学技术的发展。鲜卑族对马镫的发明和改进堪称这一时期最重要的军事科技成果之一。在此之前，骑兵骑在马背上拉弓射箭时，战马必须减速；交战双方在马背上进行格斗时，也不能竭尽全力大幅摆动，否则会因失去平衡而落马。而马镫的使用使骑兵的双脚有了强劲的支撑点，骑手与战马融为一体，战马更容易驾驭，骑兵们既可以在飞驰的战马上且骑且射，也可以在马背上左右大幅摆动，完成左劈右砍的动作。随着马镫的广泛应用，骑兵的战略地位大大提高，也大大缩小了中原农耕民族和北方游牧民族在骑乘技能上的差距，为建立大规模的骑兵部队创造了条件。

以马镫的发明为基础，这一时期出现了人马披挂甲胄的具装骑兵，使单个骑兵的攻击力和防护力达到了极致。具装骑兵或称重甲骑兵，是人、马都披甲的骑兵，又称甲骑或铁骑。甲是指人披的铠；具装是指马披的铠，由面帘、鸡颈、当胸、马身甲、搭后、寄生六个部分组成。马镫、马鞍的使用和改进，大大提高了骑兵的攻击力，甲骑具装的装备则明显增强了骑兵的防护力，从而使铁骑一度成为本时期战争中难以抗御的优势作战力量。

考古发现证明，甲骑具装诞生于西汉末年，但在西汉末年至东汉末年200年的时间里，由于在中原地区没有和游牧民族的大规模作战，甲骑具装在中原始终没有成规模地出现，直到三国时期，还没有成为军队的主力。曹操曾在《军策令》中提到："本初马铠三百具，吾不能有十具。"当时袁绍有步兵10万、骑兵1万，而马铠才300具，只占骑兵总数的3%左右。曹魏末年，司马炎曾送卢钦以"御府人马铠"，说明当时马铠还是较名贵的。不过，这时重装骑兵的发展已呈加速之势，至建安十六年（211年）曹操讨伐西凉马超时，"又列铁骑五千为十重陈，精光耀日，贼益震惧"。马超、韩遂所部将士主要来自河西诸郡，河西是汉代以来传统的战马产地，河西将士历来以长于骑战著称。曹军骑兵列阵能"精光耀日"，应当源于曹军骑兵大规模使用了金属马铠。这也是"铁骑"一词最早见诸正史。

到了两晋南北朝时期，少数民族大量入主中原，各少数民族以骑兵见长，骑兵的大规模应用推动了战马和骑士防护装备的改进和发展，甲骑具装迅速发展起来。

西晋时期，门阀士族势力恶性膨胀，形成封建人身依附关系很强的部曲佃客荫户制。豪族地主大都拥有自己的部曲私兵，配有精良的军事装备，包括大量的甲骑具装。《晋书》记载，桓伊家拥有"马步铠六百领"，一次就献给皇帝"马具装百具，步铠五百领"。这些装备精良的私兵部曲，形成了军队的核心。匈奴贵族刘曜灭掉西晋后，北方开始了各民族政权纷争的混乱时期。匈奴、鲜卑等少数民族在进入中原前多是游牧经济，长于骑射，军队的主力是骑兵，军事制度又往往保留着氏族的纽带，进入中原后和门阀士族相结合，军队组织体制也相互影响渗透。门阀士族的精良装备与游牧民族的骑战传统相结合，使重装骑兵迅速形成规模。刘曜就曾"召公卿以下子弟有勇干者为亲御郎，被甲乘铠马"，建立起一支精锐的披甲乘铠马的重装骑兵部队，"动止自随，以充折冲之任"。

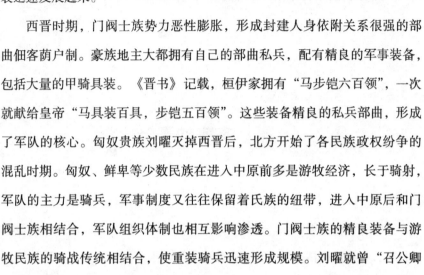

从西晋灭亡到隋朝建立的约270年间，以骑战为主的北方游牧民族长期统治中原，使中原地区步战、骑战相结合的作战方式发生了很大的变化，骑战成为空前重要的作战方式，马铠也日益成为军队中普遍的装备，常常是数以百计千计甚至万计，使用数千乃至上万铁骑集群作战的战例也经常出现。例如，南燕的创建者鲜卑族人慕容德曾"讲武于城西，步兵三十七万，车一万七千乘，铁骑五万三千，周亘山泽，旌旗弥漫，钲鼓之声，震动天地"。淝水之战中，苻坚不顾麾下众将的劝阻，放任晋军渡过淝水，欲"以铁骑数十万向水，逼而杀之"。《南齐书》记载柳世隆讨沈攸之时的一次议兵，"铁骑五千，步道继进，先据陆路，断其走伏"。

从骑战能力来看，南北差距极大。占据北方的各游牧民族，马匹充足，骑术纯熟，惯于骑战；南方各政权的军队建立在农耕经济的基础上，骑兵数量规模、军队的骑战能力都明显逊于北方军队。由于具装骑兵兼具速度、冲击力与防护力，平地作战时往往占据绝对优势，如何依靠以步兵为主的部队对抗北方强大的骑兵部队，成了南方军队面临的巨大挑战。

车阵的再兴

三国两晋南北朝时期，重装骑兵体现出的巨大优势使其成为各国追求的目标，在可能的情况下，也成为优先发展的重点。但由于许多政权特别是南方的汉族政权缺乏优良的战马和优秀的骑士，或者是因为铠甲制造技术和能力以及财力的限制，兵种构成仍不得不以步兵为主。如何解决以步兵对抗强大的骑兵这一难题，贯穿着这一历史时期的军事科学发展进程，战车也就是在破解这一难题的过程中找到了自己的用武之地。

三国时期的军用车辆有运车、战车、司南车、记里鼓车等，其中以运车数量最多，主要从事粮食、营帐、铠甲等军用物资的运输。官渡之战时，袁绍曾用数千乘运车运送军粮，被徐晃、史涣全部烧毁后，又调集运车"万余乘，在故市、乌巢"进行运输任务。从前文可知，诸葛亮为了解决山地运输的难题，曾经造木牛流马。史载，建兴九年（231年），亮"复出军围祁山，始以木牛运"，十年，"作木牛流马毕"，十二年，"由斜谷出，始以流马运"。三国时期，专用于作战的战车种类和数量均不多，主要是武刚车。这时的武刚车与西汉时的武刚车用法已不太一样。西汉李陵对匈奴作战时，武刚车用于步兵对敌骑兵的防御，而三国时的武刚车往往在进攻作战中作为前驱，抵挡敌人矢石。此外，还有攻打坚固阵地和城池时使用的发石车、临车、冲车、楼车等攻城车。

为了提高步兵的防护力和抗冲击力，三国时期继承和改进了西汉时汉军对抗匈奴骑兵中结车为阵的战法。三国时的车阵战法除以武刚车列阵在进攻中作前驱外，也经常将武刚车、运车等后勤车辆用作防御作战时的障碍物，在遇到敌人骑兵突然袭击时，将车兵和战车蒙在阵地外围，掩护部队转入防御，增强防御的稳定性。

三国时阵法多种多样，诸葛亮八阵图即是其中的代表。依据宋代《武经总要》记载，八阵图是诸葛亮在孙武、吴起八阵图的基础上对阵法的进一步完善和创新，并对其大加赞赏。实际上，八阵是诸葛亮为对付魏军的骑兵优势，充分发挥步、弩、骑、车协同作战的威力而设计的。八阵中车兵用车设置障碍，迟滞和割裂敌军的冲击和机动，同时为阵内步兵和骑兵提供掩蔽和保护，增强防御的稳定性。在山地遭遇战中，如果敌军骑兵左右夹击，步兵从行进间仓促转入防御，又不便于登山利用地形时。则用车蒙在阵外，防御骑兵冲击；在地形狭窄，难于展开时，则把蒙在阵外的车排成锯齿形状，以防御敌军骑兵的冲击。

以运车等军用车辆列阵防御的战法在三国时期屡屡出现。官渡之战中，袁军"数寇抄绝粮道"，对曹军威胁很大，曹操部将任峻"使千乘为一部，十道方行，为复阵以营卫之"。以千乘为一部，每部以 10 路纵队结成方阵前行，并在方阵外列成复阵，从而形成间隔狭窄并有一定纵深的车阵，不仅使袁军骑兵无法高速突击，而且护卫辎重的曹军还可依托车阵的保护杀伤敌人。鄢陵侯曹彰北征时，在涿郡遭到胡人数千骑兵的伏击。当时，曹彰部兵马未及集结，部下仅有步卒千人，骑兵几百人，众人心生畏惧，出现混乱。曹彰相田豫依地形将军车结为环阵，弓弩手藏于阵内，步卒部署于车辆间并虚张声势。在车阵坚固的防御面前，胡人骑兵虽兵力占优，却不敢前进，被迫散去。

两晋南北朝时期，以车阵对抗骑兵的战术继续发展。西晋武帝咸宁五年（279年），马隆受命征讨侵夺河西地区的羌族，新募善射者3500人出征，"隆依八阵图作偏箱车，地广则鹿角车营，路狭则为木屋施于车上，且战且前，弓矢所及，应弦而倒。奇谋间发，出敌不意。或夹道累磁石，贼负铁铠，行不得前，隆卒悉被犀甲，无所留碍，贼咸以为神。转战千里，杀伤以千数。"西晋武帝太康末年（289年），陈勰以车布为函阵，护卫晋武帝的车驾。北魏登国六年（391年），铁弗卫辰遣直力鞮率大军进入北魏，北魏道武帝拓跋珪"以车为方营，并战并前，大破之于铁岐山（今内蒙古阴山之北）南"。

各种车阵针对骑兵特别是铁骑作战的特点，灵活使用车兵，与骑、步协同作战，增强了己方步兵与骑兵的作战能力。义熙五年（409年），刘裕北伐南燕时，南燕主慕容超认为可以凭借"战车万乘，铁马万群""徐以精骑践之"。刘裕在进兵途中，以"众军步进，有车四千两，分车为两翼，方轨徐行，车悉张幔，御者执槊，又以轻骑为游军，军令严肃，行伍齐整"。当燕军铁骑万余来袭时，刘裕以此车阵对抗，双方激战过午，未分胜败。随后刘裕派兵奇袭南燕后方重镇临朐（今山东临朐），大败燕军。此次作战虽未能直接击溃燕军，但已证明车阵足以抵御大规模骑兵的突袭，为此后刘裕进一步改进车阵战法打下了基础。

义熙十二年（416年）八月，刘裕率五路大军攻打后秦。十三年正月，刘裕留子彭城公刘义隆镇守彭城，亲率水军自彭城北上。三月，水军自淮、泗入清河，准备逆黄河西进，派人向北魏请求借路。北魏因此前滑台（今河南滑县东）丢失，明元帝拓跋嗣恐刘裕此次以借道为名北上攻魏，因而拒绝，并派司徒长孙嵩督山东诸军事，振威将军娥清、冀州刺史阿薄干等，率步骑10万屯驻黄河北岸，监视晋军。刘裕率大军入黄河西上，屡被魏军袭扰，刘裕决定登岸痛击魏军。四月，刘裕命部将丁旿率700人及战车百乘，渡至黄河北岸，依黄河列下弧形车阵，两头抱河，每辆战车设置7名持仗士卒。随后，宁朔将军朱超石率2000兵士携带百张大弩增援，每辆战车上增设20名士卒，并在车辕上张设盾牌以保护战车。魏军发动攻击后，朱超石先以软弓小箭射向魏军，向其示弱。魏军中计，围攻晋军，并派长孙嵩率3万骑兵增援。朱超石令士卒以百张大弩齐射，后又命将士将预先准备的千余张槊截断为三四尺长，用大锤锤击射杀魏军，魏军"一时奔溃，死者相积"。

两晋时期，北方少数民族政权的军队虽骁勇惯战且拥有大量强大的具装骑兵。但对于以战车对抗骑兵的战法缺乏足够认识，因而车阵的运用往往能够达到出奇制胜的效果。南北朝时期，南北对峙局面的形成使双方骑兵力量差距更加明显，但车阵战法的日趋成熟和其对骑兵的强大克制能力，深为北朝将领忌惮，引起北方政权的重视。宋卫对峙时，魏名将刁雍曾建议伏击檀道济所率刘宋援军："贼畏官军突骑，以锁连车为函陈。大岘已南（山名，在今山东临朐，为齐南天险），处处狭隘，车不得方轨。雍请将所募兵五千据险以邀之，破之必矣。"这次伏击最终并未实施，但从刁雍的进言中可知，北魏突骑对刘宋车阵实无力攻击，甚至不得不放弃骑兵平地作战优势，利用地形限制车阵的展开。另一方面，以步兵为主的南方军队在优秀将领地率领下，凭借车阵强大的防御能力。也敢于与北朝政权优势的骑兵正面对抗。

纵观三国两晋南北朝时期以车列阵的实战效果，车阵虽能够有效克制骑兵的冲击，但车阵与步兵对垒并无优势，泰始二年的宛塘之役和泰始四年的汝阳台之战都是典型的例子。车阵对地形要求较高，一般要在宽阔的平地布阵，狭窄、崎岖之地则无法布阵；车辆绝大部分部件为木制，特别害怕火攻；车阵也不利于布阵一方主动出击。总之，车阵在机动性、灵活性及适用广泛性等方面都远远不如骑兵，被动防守在多数时候难以掌握战场上的主动权，以骑制骑无疑是更好的选择，以车阵对抗骑兵很大程度上是限于当时历史条件下的无奈之举。

 ## 魏晋南北朝的军事服饰

魏晋时期的铠甲主要有黑光甲、明光甲、两当铠、环锁铠、马铠五种。

黑光甲和明光甲可能是同一种甲，只是在表面防锈技术处理上有所不同。这两种甲和两当铠后来取代筩袖铠，成为南北朝时期使用的主要铠甲。环锁铠即明清时期的锁子铠，在当时是极为珍贵的铠甲。马铠是保护战马用的。马铠的使用在汉末已较普遍，曹操的《军策令》里就曾提到："本初马铠三百具，吾不能有十具。"三百之数与南北朝时期的铠马万群相比，虽为区区小数，但在当时也就十分可观了。

魏晋时期的戎服主要是袍和裤褶服。袍长及膝下，宽袖。褶短至两胯，紧身小袖，袍、褶一般都是交直领，右衽，但也有盘圆领。裤则为大口裤，东晋的与西晋的相比较裤脚更大，很像今天的女裙裤。因此《晋书·五行志》上说："武帝泰始初，衣服上俭下丰，着衣者皆厌腰。"

魏晋时期由于马具的不断完善，出现了活舌带扣，它广泛用于生活的各个方面，并很快取代了使用2500多年之久的带钩和后来的死舌带扣。同时，受少数民族的影响，还开始在革带表面钉缀饰件。这种饰件称"銙"，可以用金、银、铜、玉等多种材料制成。銙下附有马蹄形环，用于佩挂武器和其他物品。

东汉后期，中原地区使用了数千年的璏式佩剑法，由于带扣的运用而改变为悬挂式，这种悬挂式又经过南北朝时期的改进，一直使用到今天。

自汉代打破了五行定色法以后，后继的朝代便无法严格按照相生相克的理论来制定服色，只能采用刘邦的办法，利用一

宋武帝刘裕像

些所谓吉兆瑞符，来牵强附会地解释、决定应属何德。据《通志略·礼略》记载，魏尚土德，服尚黄；而晋尚金德，服色尚白。由于魏晋时期各种形象资料较少，事实究竟如何，目前尚难以断定，但从已掌握的部分材料来看，基本还是与文字记载相符合的。

南北朝时期，北朝与南朝之间经常发生残杀和兼并战争，开国帝王无一不是手握重兵的将帅，因此往往采用极其残暴的手段来促进和提高武器军备的生产，从而使武器装备生产在这一时期内发展到了一个全新的高度。

铠甲方面，这一时期不但种类多样，而且质量和制造技术也很高，其中最有代表性的铠甲是两当铠，此外还有明光甲和黑光甲。

两当铠，《释名·释衣服》曰："两当，其一当胸，其一当背也。"两当铠长至膝上，腰部以上是胸背甲，有的用小甲片编缀而成，有的用整块大甲片。大甲片的多为皮甲，前后两片甲在肩部，左右两侧不相连接，背甲

上缘钉有两根皮带，穿过胸甲上的带扣系束后披挂于肩。辽宁北票喇嘛洞出土的东晋时期的铠甲就是这样。胸甲上缘左右两角微出，宽度超过胸宽，这是为了扩大胸部的保护面积，背甲上缘中间凸起形成一个三角形，用于保护项部。腰部以下是用皮革制成的筒形短裙以代替腿裙，一般没有披膊。

两当铠是新一代铠甲，自两当铠始，出现了一系列新式铠甲。大批南北朝时期的墓中出土的武士俑，都穿一种胸前背后有两面圆护的铠甲，这就是明光甲。

明光甲是一种比较精良、贵重的铠甲，不仅有披膊、腿裙，还有由原来的盆领变化而来的护项，防护面积明显比其他各种甲都大。除了胸背甲是整块的甲片外，其余都用小甲片编缀而成。

明光甲其名，可能与胸背甲上的圆护有关。

从魏晋时期起，铠甲已大多使用钢铁制造，但铁甲易锈蚀。为解决这个问题，制铠匠在实践过程中发现，钢铁防锈，除了髹漆还可以水磨，水磨以后不仅不容易生锈，而且还能产生明亮的反光，特别是在阳光下，使对方因目眩而影响视觉，从而给披甲者创造有利的攻击机会，于是，他们别出心裁地在胸背甲上特地安上两个凸出的圆镜。

汉代的铜镜背面，常铸有"见日之光，天下大明"的铭文，取明与光之意，明光甲之名可能即由此而来。穿这种铠甲的俑一般比同墓中其他俑都要高大，从这一点来分析，当时能配备明光甲的可能都是官品较高、兵种重要的武官将校。

南北朝后期，明光甲开始用束甲绊束甲，以使铠甲较贴身，便于行动。束甲绊的材料可能是皮条、丝线或绢帛。束甲时将甲绊套于领间，在领口处打结后向下纵束，至腹前再打结，分成两头围裹腰部后系束在背后。这种束甲方法一直沿用到唐末。

黑光甲与明光甲同见于东汉末曹植的《先帝赐臣铠表》，两种甲可能是相同类型，区别在于前者胸背甲上没有圆护，甲面用黑漆漆髹，犹如汉代时的玄甲。

除了以上几种具有代表性的铠甲以外，魏晋时期的筩袖铠也仍在继续使用，从一件制作比较粗劣的北魏俑上，可依稀分辨出其仍保持着的原来形制。

 扩展阅读　周武帝对府兵的改革

为了提高府兵的战斗力，周武帝掌权后，十分重视对府兵的整顿和控制。建德元年（572年）十一月及二年十一月，周武帝亲率六军在长安"讲武"。建德三年十二月，为大规模扩充府兵，周武帝在经济上给以府兵赋役上的优待："大会卫官及军人以上，赐钱帛各有差。辛卯，月掩太白。诏荆、襄、安、延、夏五州总管内，有能率其从军者，授官各有差。其贫下户，给复三年"，"改诸军军士并为侍官"，以提高府兵的政治地位。为了加强对基层府兵将领的控制，周武帝于建德元年两次将诸军包括下层都督在内以上的各级将领召到京师"颁赐有差"。二年正月，又复置先前省去的帅都督官。此外，周武帝也十分重视对府兵将领军事技能的演练。建德二年六月，大选诸军将帅；十一月，集诸军都督以上五十人于道会苑大射，他亲临射宫，大备军容；建德三年六月丁未，集诸军将，教以战阵之法。在经过三年的整军后，建德四年七月，北周能调动到战场上的府兵已多达十七万人。

北周建立后，宇文护出于巩固权力的需要，开始向朝臣大量授予柱国

第四章　鼓角齐鸣——魏晋南北朝的军事文明

等高级戎秩。随着府兵人数的迅速扩充，原有的戎秩已经满足不了府兵将领提高自身地位的需要，因此建德四年冬，周武帝"初置上柱国、上大将军官，改开府仪同三司为开府仪同大将军，仪同三司为仪同大将军，又置上开府、上仪同官"。周武帝大练府兵，使大批关陇土豪被纳入府兵系统，大大强化了朝廷对府兵各级将领的控制，从而使北周军队的军事实力大增，为日后灭亡北齐奠定了基础。

第五章

山水庭院
——魏晋南北朝园林文明

　　魏晋南北朝时期是中国古代园林史上的一个重要转折点。文人雅士厌烦无休止的战争，他们崇尚玄谈玩世，寄情山水，多以风雅自居。豪富们纷纷建造私家园林，把自然式风景山水浓缩于自己的私家园林中。自然山水园的出现，为后来唐、宋、明、清时期的园林艺术打下了深厚的基础。

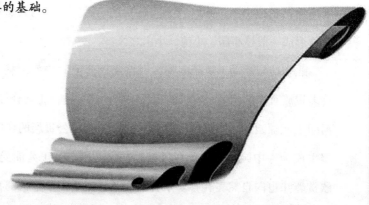

山水园林大量涌现

　　魏晋南北朝是中国园林发展的转折阶段，也是山水园林的奠基时期。晋室南迁，中原人士大量逃亡江南，他们于离乱颠簸之际，在风清物丽的环境中过着安逸闲适的生活，他们尽情享受大自然的美，以文学艺术讴歌这种美，以园林艺术再现这种美。

　　建康、会稽、吴郡等士族聚居之地，私家宅园和郊区别墅相继兴起，以都城建康兴建苑园之风最甚。帝苑以华林、乐游两园最为著名，大臣私园多靠近秦淮、青溪二水。东晋时，纪瞻在乌衣巷的宅园、谢安的园林都以楼馆林竹而著称；而吴郡顾辟疆的园林则因王献之的游赏而闻名于世。南朝园墅也很兴盛，名士戴颙在吴下聚石引水，植林开涧筑园；齐刘在钟山南麓建园以邀友人聚会。与此同时，开始出现园林小型化的倾向。梁徐勉在东田自建小园，并认为"古往今来，……不存广大，唯功德处，小以为好"。北周庚信也建小园，并以《小园赋》闻名后世。自两人始建小园，随之而来便形成一股建小园、小池、小山之风。

　　北朝造园活动不亚于南朝，《洛阳伽蓝记》中就记载了北魏都城洛阳许多贵族官僚的园林，突出的有司农张伦园、清河王元怿园、侍中张钊园、河间王元琛园等。政局的变乱曾使洛阳一些王公贵族的住宅成为佛寺，宅园也成为寺中园林，因此在风格上并无区别。帝王苑囿受当时思潮影响，欣赏趣味也向自然美转移。东晋简文帝、齐衡阳王萧钧都喜爱自然风格的园林，梁昭明太子萧统更是性爱山水，在泛舟元圃后曾咏左思诗"何必丝与竹、山水有清音"以拒绝女乐。可见这时帝王宗室对山水的爱好和欣赏与一般士大夫是一致的，皇帝苑囿风格也追求山水自然之美。这一时期的另一个新发展，就是出现了具有公共游览性质的城郊风景点。

南朝刘宋的南衮州刺史徐湛之，在广陵城北结合原有水面建造风亭、月观、吹台、琴室，栽种花木，使这里成为文人雅士游玩聚会的场所。这种风景点的游人可能只限于士大夫阶层，但毕竟不同于一般私人园林和皇家苑囿，具有众人共享的特点，不能不说是一种进步，可谓今天公园的前身。一些城市利用城垣和风景优美的高地建造楼阁，作为眺望游憩之用，既可畅览远山平川之美，又能丰富城市风景，是继承台榭发展而来的风景观赏建筑物。

著名的东晋武昌南楼，是官吏登临赏月之处；南朝建康瓦棺阁，是眺望长江壮丽景色的地方；浙东浦阳江桐亭楼，建在山水奇丽的浦阳江曲。

名士高逸和佛徒僧侣为逃避尘世而寻找清静的安身之地，也促进了山区景点的开发。东晋时以王谢为商务目的的士族聚居建康、会稽，往往选择山水佳妙之处构筑园墅。

如谢灵运在始宁立别业，依山傍水，尽幽居之美，和一批隐士放纵游娱。佛教大师慧远，在庐山北麓下创建名刹东林寺，面向香炉峰，前临虎溪水，对庐山的开发起了促进作用。

苏州郊外的虎丘，自东晋王珣、王珉兄弟舍宅为寺后，也逐渐成为著名的风景点。作为山水园林主题内容的人工堆山，达到了前所未有的兴盛。除摹写神仙海岛的方法除被帝王苑囿采用外，更多的则采用概括、再现山林意境的写意堆山法。堆山的目的是为了陶冶性情，追求"在若自然"的意趣。

南齐宗室萧映宅内土山取名"栖静"，便是这种意趣追求的例子，园林

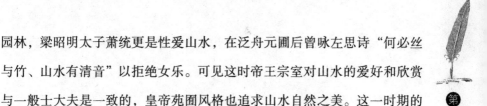

造山已从汉代的期待神仙和宴游玩乐转变为对自然景色的欣赏。随着园林小型化、欣赏景物深化入微，松、竹、梅、石成为士大夫喜爱的对象。

南朝陶弘景特爱松风，大量种植，欣赏风过之声；晋代稽康、阮籍、山涛、向秀、刘伶、阮咸、王戎七人好为竹林之游，世称"竹林七贤"；南朝好梅者渐多，鲍照有《梅花落》诗；对奇石的欣赏寻求也成为时尚。中国园林山水是凝聚了中国文化特质的一种独到艺术，在南北朝时期已形成稳定的创作思想和方法，多向、普遍、小型、精致、高雅和人工山水写意化，是本时期园林发展的主要趋势，并且作为一种基本风格影响着后世园林艺术的发展。

优美的士人山水园

鲁迅将曹魏时期即文学史上的"建安时代"称为"文学的自觉时代"，出现了"为艺术而艺术的一派"，文学主题逐渐摆脱了伦理、政治等功利性内容，而确立在"人生意义"这样一个具有高度自我意识的层面上；人们的宇宙观、宗教观都发生了变化，开始漠视天国，更加关注人生。"中华古人对人自身的思考比以往深化了，其审美文化的最大思想特征，便是实现了由快乐文化转型为忧患文化"。东汉末年就有了"生年不满百，常怀千岁忧"的咏叹，英雄曹操也发出了"对酒当歌，人生几何"的忧叹，魏末西晋之初，以稽康、阮籍为代表的"竹林七贤"，或为顺应环境、保全性命，或寻求山水、安息精神，"其中由于总藏存这种人生的忧恐、惊惧，情感实际是处在一种异常矛盾复杂的状态中。外表尽管装饰得如何轻视世事，洒脱不凡，内心却更强烈地执着人生，非常痛苦。这构成了魏晋风度内在的深刻的一面"。

晋人，尤其是南渡的东晋士人，美丽如画的江南山水唤起了他们对自然美意识的觉醒，"晋人向外发现了自然，向内发现了自己的深情。山水虚灵化了，也情致化了"，他们悠游在江南的灵山秀水中，培养了他们高格调的山水审美情趣，在"清流激湍，映带左右"的环境中，"仰观宇宙之大，俯察品类之盛，所以游目骋怀，足以极视听之娱，信可乐也"。王羲之在去官后，"与东土人士营山水弋钓之乐。游名山，泛沧海，叹曰'我卒当以乐死'。谢朓诗曰："辟牖栖清旷，卷帘候风景。"嵇康提出了"越名教而任自然"的离经叛道说，将自然真率、洒脱逍遥的生活方式作为理想的人生境界去追求。

深沉的自然山水意识渗透到生活领域，陶渊明的《桃花源记》构想了一个与尘世隔绝的桃花源，不仅因为"少无适俗韵，性本爱丘山"，更在于他的理性选择，那里的山川风物，表现出的是诗人理想的主观的美。南朝士人更崇尚清虚超脱的人生理想，有自己的哲学意识和人生追求，他们皈返自然，"素志与白云同悠，高情与青松共爽"，青松白云成为他们用以寓志的清物。

东晋、南朝士人沉溺于庭园的营造，以"五亩之宅，带长阜，倚茂林"的精神生活为乐。当时有名的士人的私家山水园林苏州有顾辟疆园和戴颙宅园。

"顾辟疆园"当时号称"吴中第一私园"。据《抱朴子》记载，苏州顾陆朱张四大姓的庄园，在那个时代都是"僮仆成军，闭门为市，牛羊掩原隰，田池布千里""金玉满堂，伎妾溢房，商贩千艘，腐谷万庾"。顾氏为四大家之一，辟疆官郡功曹、平北参军，性高洁。所造私园，最早见诸《世说新语》，称时为中书令的王献之，"自会稽经吴，闻顾辟疆有名园，先不识主人，径往其家，值顾方集宾友酣燕，而王游历既毕，指麾好恶，旁若无人。顾勃然不堪曰：'傲主人，非礼也；以贵骄人，非道也。失此二者，不足齿之伧耳！'便驱其左右出门。王独在舆上，回转顾望，左右移时不至，然后令送著门外，怡然不屑。"顾氏对富且贵的东晋豪族王氏，如此蔑视，既有南方士族对北方士人的敌视，又表现了士人不攀附权门，甚至傲视权贵的共同心理特征。

与顾氏园齐名的是戴颙宅园。戴颙的父亲是山水画初创时期的戴逵，安徽宿州人，出身士族，然终身不仕，而且傲视权势之人，《晋书》将其列为"隐逸"。他的儿子戴勃和戴颙都在当时有高名，他们不但继承了乃父的道德和艺术，而且山水画虚灵、疏淡，更是著名的雕塑家。戴颙"巧思通神"，早年随父亲客居浙江剡县，后卜居苏州齐门内，据《吴郡图经续记》载："士人共为筑室，聚石引水，植林开涧，少时繁密，有若自然。三吴将守及郡内衣冠，要其同游野泽，堪行便去，不为矫介，众论以此多之。"

《南史·徐湛之传》也记载了徐在广陵所造园林，有"风亭、月观、吹台、琴室""果竹繁茂，花药成行""尽游玩之乐"。享受的主要是大自然之美。

北方也出现了"有若自然"的私家园林。据杨衒之《洛阳伽蓝记》说，北魏张伦所造"景阳山"，重岩复岭，深溪洞壑，逦迤连接，俨然真山，高树巨林，足使日月蔽云；悬葛垂萝，能令风烟出入；石路崎岖，似壅而通，峥嵘涧道，盘行复直。匠心巧思，将自然作了艺术的"人化"，已经具有了某种写意意识。

上述私家园林大都是"面城""近市"，却是闭门无哗，"寂寞人外"，为"且适闲居之乐"的居所。园林中的山水和植物等自然形态构成园林主要的景观体系。

幽远清悠的山水诗文和潇洒玄远的山水画与士人山水园相互融合，中国传统园林成为诗画艺术载体也肇端于此时。园林讲究意境的创造，从写实向写意过渡。

从以上可以看出，理想的士人山水园是士人用来表达自己体玄识远、萧然高寄的襟怀的，"情"与"景"之间有着内在的紧密联系。他们的园林中，绝对没有阿房宫里的脂粉气和金谷园中的富贵气，而充溢的是名士们的书卷气。

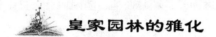

皇家园林的雅化

早在西汉时代，东方朔就提出"避世于朝廷间"的主张，西晋的夏侯湛赞其为"肥遁居贞"。魏晋南北朝时期是历史上庙堂山林错位最严重的时期。豪门贵族在广置田产、穷奢极欲的同时，又谈玄论道、崇尚隐逸，附庸风雅。出现了大批豪富、王侯的私园，将自然式风景山水缩写于自己的私园中。出现了所谓"江左嘉遁"和"肥遁"。

随晋室南渡的北方世族，为了"免横流之祸"或"以避君侧之乱"，往往功成身退，侵占了南方大片名山胜水，及时隐迹其中，南朝《宋书·隐逸王弘之传》："会稽既丰山水，是以江左嘉遁，并多居之。"隐退于富饶的庄园中过豪华的享乐生活，称"肥遁"。例如，著名的西晋石崇，他是大司马石苞之子，在任荆州刺史期间，常派人暗地抢劫远使、客商，大发横财，"晚节更乐放逸，笃好林薮，遂肥遁于河阳别业"。他造的"金谷园"是为了安度晚年的，在那里享受山林之乐、吟咏流连，"昼夜游宴，屡迁其坐，或登高临下，或列坐水滨，时琴、瑟、笙、筑，合载车中，道路并作。及住，令鼓吹递奏……各赋诗以叙中怀"。"金谷园"还兼有农业自然经济的功能：

> 有清泉茂林，众果竹柏药草之属，田四十顷。羊二百口，鸡猪鹅鸭之类莫不毕备。又有水碓鱼池土窟，其为娱目欢心之物备矣。

北魏自武帝迁都洛阳后，"于是帝族王侯、外戚公主，擅山海之富，居川林之饶，争修园宅，互相夸竞。崇门丰室，洞房连户，飞馆生风，重楼起雾。高台芸榭，家家而筑；花林曲池，园园而有，莫不桃李夏绿，竹柏冬青"，"入其后园，见沟渎骞产，石磴礁嵝。朱荷出池，绿萍浮水。飞梁跨阁，高树出云"。宅、园已经分开，有假山、曲池、花木，但由于富贵气太浓，且带有浓厚的夸富斗豪的成分，故艺术趣味上与汉代那些王侯巨商的园林比较接近，而与简朴雅洁的士人园异趣。

在时代精神文化气氛的浸染下，帝王园苑的面貌发生了巨大的变化。"紫闼"与"江海"的矛盾在园林里得到了圆满的解决。曹魏时期的帝王，都具有很高的文学修养，他们的审美趣尚已经开始走向高雅，文学艺术成为他们精神生活和文化娱乐的一个重要组成部分。园林在布局和使用内容上既继承了汉代苑囿的某些特点，又增加了较多的自然色彩和写意成分。魏初文帝曹丕于黄初元年（220年）筑华林园，是在汉旧苑的基础上扩建的，园址在洛阳。洛阳是东汉、魏、西晋、北朝历代的都城，是皇家园林集中的地方，仅汉末就有十余座。

南北朝的封建帝王们受玄风的浸淫，更是雅尚隐逸，尤其服膺于士人自然山水园的高逸格调，帝王们在心灵深处欣赏士人风范，刻意仿效。甚至专请著名的士大夫文人来设计、监造皇家园林。南朝宋元嘉二十三年，为皇家督造华林园、玄武湖的就是能文善书且通晓音律的著名士人张永。最有代表性的是南朝帝王了。

齐文惠太子性爱山水，开玄圃园与台城北堑齐，园内有明月观、宛转廊、徘徊桥等，更有楼馆塔亭，又聚叠奇石，后池可泛舟。园中还建有"茅斋"，并由周颙书其壁。史载萧统"性爱山水"，一次泛舟宫池，面对良辰美景，番禺侯轨认为当有丝竹歌舞，萧统不理，却悠悠然地吟咏起左思的《招隐》诗："何必丝与竹，山水有清音。"被人们熟知的"濠濮间想"是晋司马昱的故事，《世说新语·言语》中记载，简文入华林园，顾谓左右曰："会心处不必在远，翳然林木，便自有濠、濮间想也，觉鸟兽禽鱼自来亲人。""濠濮间想"就是《庄子·秋水》篇中所载的庄子、惠子濠梁观鱼和写庄子濮水钓鱼的故事，前者反映了庄子观赏事物的艺术心态，他摆脱了世俗尘累，临流观鱼，知道鱼从容出游，十分快乐；后者则写庄子对高官厚禄"持竿不顾"，反映了他追求远避尘嚣、悠然自怡的人生理想。人全身心地投入了自然山水的怀抱，而自然山水也自来亲人，赋予山水以人情，人与自然妙合无间，完全融为一体，进入极高的审美境界。

梁简文帝之子萧大圜以"弃绝人间""超逾世网"为己志，以"面修原而带流水，倚郊甸而枕平皋。筑蜗舍于丛林，构环堵于幽薄"为理想居所，与士人园十分相像。

身为君王的萧纲，史称他"清虚寡欲，尤善玄言"，自谓"隐沦游少海，神仙人太华。我有逍遥趣，中园复可嘉"，散怀山水、超旷遗世。梁元帝萧绎在未即帝位之前为湘东王，所筑"湘东苑"，穿池构山，长数百丈，山有石洞，入内可蜿转潜行200多步。池沿岸种植莲荷，岸边杂以奇木。建筑物有跨水而过的通波阁，高踞山巅的阳云楼，备有移动式"行坍"的乡射堂，还有芙蓉堂、禊饮堂、正武堂、连理堂、修竹堂、明月楼和隐士亭、映月亭、临风亭等。

尚武的北朝帝王也具有很高的艺术鉴赏力。据《洛阳伽蓝记》载，北魏孝文帝时，拟华林园中的"天渊池"为大海，就池中献文帝所筑九华台上，造了"清凉殿"，宣武帝又在海内造蓬莱山，山上有"仙人馆，上有钓鱼殿……海西有景山殿，山右东羲和岭，岭上有温风室。山西有姐娥峰，峰上有露寒馆。并飞阁相通，凌山跨谷。山北有玄武池。山南有清暑殿，殿东有临涧亭。殿西有临危台。景阳山南有百果园果列作林，林各有堂……永安中年，庄帝（孝庄皇帝，元子攸）习骑射于华林园"。宣武帝还颇欣赏佳石、美竹和山林野致。

后赵的石虎在邺城（今河北临漳县）筑连亘数十里的华林苑，苑中三观四门，三门通漳水。北齐武成帝时，增饰"若神仙居所"，改称"仙都苑"，又于苑内别起玄洲苑，备山水台观之丽。《历代宅京记·邺下》载：玄洲苑、仙都苑，苑中封土为五岳，五岳之间，分流四渎为四海，汇为大池，又曰大海。海池之中为水殿……

以上所述皇家园林虽没有脱尽汉代宫苑"体天象地"的痕迹，"一池三岛"式的人间活神仙境域的构造得到了进一步完善，但发展了古代园囿中对山水的处理手法，布局以山水为骨干，构山重岩覆岭，深溪洞壑，山路崎岖，涧道盘曲，合乎真山的自然体势。并且都有林木掩映，楼观高下随势，力求达到妙极自然的意境。

托情道昧的寺观园林

东晋南朝佛教很发达，佛寺特别多，梁武帝时，仅建康一地，佛寺就多达五百余座。"南朝四百八十寺，多少楼台烟雨中"！北魏奉佛教为国教后，更大建佛寺。据《洛阳伽蓝记》载，洛阳城内外有一千多座。北齐时全国佛寺约有三万多座，而且大都建于名山胜水之地。"天下名山僧占多""十分风景属僧家"；东晋和南朝时期，我国道教开始向上层统治阶级和士大夫阶层楔入，逐渐从粗陋鄙俗的巫觋方术，演进成具有哲理、神谱、仪式、方法等完整体系的宗教，迈入正规官方道教的殿堂。道教把成仙的途径分为飞升、长生和尸解三种，得道的真人高士各有不同规格的"仙境"，分别是天堂、三岛五岳十洲和洞天福地。晋葛洪《抱朴子·金丹》："合丹当于名山之中，无人之地，结伴不过三人，先斋百日，沐浴五香……成则可以举家皆仙。"这是人们普遍认同的客观现象。探求其中的原委，涉及多方面的文化原因。

宗教文化本身的需要。宗教都同时具有哲学和神学两方面的内涵。宗教与仙山神水有不解之缘。我们知道，原始宗教中一直有"昆仑神话"与"蓬莱仙岛"的传说，秦汉园圃中出现的"一池三岛"就是对这一原始崇拜的模拟。宗教中得道成仙的"真人"也好，修炼成佛获得正果的佛门弟子也好，几乎都是在名山秀林中成就的，那里是超凡脱俗的圣地。与恶俗的现实世界相对立，它远离充满物质诱惑的尘世，纯洁无垢，"道法自然"

是使精神获得净化的唯一途径，所以佛道都殊途同归，在名山秀水之地建立寺观，作为灵魂净化的场所，也是净化了灵魂的一个归宿。

道教的修炼，常在远离人群的风景绝佳的深山幽地，道教所称"十大洞天""三十六小洞天"和"七十二福地"，道书上称这些"洞天福地"均为神仙真人栖居之所，"上帝命真人治之，其间多得道之所"。例如，中国四大道教名山青城山、龙虎山、阁皂山、茅山，还有武当山和崂山。五斗米道的创始人张陵，与弟子前往四川鹤鸣山修道，创立了道教。张陵到青城山，曾在黄帝栖居过的轩黄台设坛传道，青城山遂为道教的发祥之地。汉、晋以后，道观兴建起来了。宫观林立，至今尚存38处。尤以建福宫、天师洞、祖师殿、上清宫最负盛名。"青城天下幽"，古木参天，藤萝缠绕，修竹掩洞；山中除了山雀啾啾、洞水叮咚、树叶窸窣，万籁俱寂，清幽之至。崂山自古被称为"神仙之宅，灵异之府"，与蓬莱联系在一起，称为"神仙窟宅"。崂山东临大海，山林浩渺，富有山海之胜，至今尚有道观22处之多。自号抱扑子的晋代道教理论家、医学家葛洪，结庐在杭州西湖北面横亘在宝石山与栖霞岭之间数里之处，后名"葛岭"。据说他曾经选择了十所居处，游遍湖山，都不中意：认为南屏景观太露，灵隐风貌太偏枯，孤山厌其浅隘，石屋憎其深沉，独保俶塔而西一带，有泉可汲，有鼎可安，而且，他处游人熙熙攘攘，此地却游人过而不留，可以安然独静，所以他喜好结庐独处。

佛教创始人释迦牟尼在成道之时，大梵天王劝其普度众生，释迦牟尼即于波罗奈仙人所居的鹿野苑中开讲说法。之后，即往摩揭提国王舍城中弘法，频婆娑罗王以迦陵竹园居之。佛经上称，释迦牟尼修道之初，至跋伽仙人苦行林中，见园林寂静，心生欢喜，即坐林中树下，观树思维，感天动地，六反震动，演大光明，覆蔽魔宫，后遂成道。可见，是寂静的园林环境，起到了自然纯化的作用。纯化了的灵魂归宿之处，也是具有灵山胜水

苏州虎丘两寺

的优美园林，如《无量寿经》描绘的西方极乐世界是"楼观栏楯，堂宇房阁，广狭方圆，或大或小，或在虚空，或在平地，清静安稳，微妙快乐"。佛画中的极乐世界也是重楼华宇，回廊殿阁，虹桥卧碧波，廊外有山林美景，天上有吉祥天女。五岳之一的嵩山，山势挺拔，层峦叠翠，风景绝佳，寺庙宫观林立，自古就有"上有七十二峰，下有七十二寺"之说：诸如中岳庙、少林寺、初祖庵、达摩洞、嵩岳寺塔、法王寺、会善寺等。峨眉天下秀，在两晋南朝时，佛教曾将道教挤走，大建佛寺，成为著名的佛教圣地——普贤道场。由山麓的报国寺古刹到金顶全长约50公里的沿途，古寺次第错落：伏虎寺、清音阁、仙峰寺、万年寺、接引殿等。掩映在葱茏苍翠的古木之中，构成一幅清、幽、秀、雅的天然图画。五台山，气候凉爽，花木繁茂，溪水淙淙，故又名清凉山，东汉时就有人在此建佛寺，后来成为大型的文殊道场。

南北朝后，佛教已经成为中国朝野上下普遍的社会思潮，并深刻地影响了中国本土的道教，促使道教发生了巨大的变革，寇谦之、陆修静、陶弘景等把道家的学说同围绕着早期萨满教这个核心而形成的大量方术性科学知识结合起来，从而使道教变成为一种有组织的、可以和佛教相抗衡的宗教。影响了整个社会心理和审美情趣的变化。

知识链接

魏修芳林园

魏明帝曹睿晚年好治宫室，大兴土木，修建芳林园就是其中大型工程之一。魏景初元年（237年），明帝继营建洛阳宫、九龙殿后，又下令在芳林园西北起土山，名为景阳山。他还亲自掘土，并令百官公卿以下至太学生都来背土。土山堆成后，便在山上广种松、竹、杂木善草，并捕来山禽杂兽放养其中。这一规模巨大的土木工程，历时数年，每年役使民工不下四万余人，而且工程期限严急，明帝又常常亲自过问，主事者稍有差错，便被处死。继修芳林园后，明帝又命人迁铜盘、铸铜人、造龙凤，大费人力物力，弄得群臣反对，民怨沸腾。

西晋石崇金谷园与东林寺

西晋石崇的金谷园为当时北方著名的庄园别墅。石崇，晋武帝（265—290年）时为荆州刺史。此人长期滥用权力，敲诈勒索商贾，盘剥百姓，聚敛了万贯资财，生活十分奢华。晚年辞官后，卜居洛阳城西北郊金谷涧畔之河阳别墅，即金谷园。石崇经营金谷园的目的是为了下野之后安享山林之乐趣，兼作服食咏吟的场所。石崇生平善于结交文人如潘岳等24人，晚年常聚集金谷园，号"金谷二十四友。"这些人吟诗作画，赏花弄月。其后，石崇死于"八王之乱"中，死前，有爱姬绿珠者不堪凌辱，坠楼殉节，金谷园被没入官。

金谷园是一座临河的，地形略有起伏的天然水景园，有前庭和后园之分，建筑物形式多样，亭台楼阁十分华丽，建筑内外金碧辉煌、雕梁画栋。园内有清泉茂林、众果、竹柏、药草之属，有许多"观"和"楼阁"，有从事生产的水碓、鱼池、土窟等，从这些建筑物的用途可以推断金谷园是一座巧妙利用地形和水系的园林化庄园。人工开凿的池沼和由园外引来的金谷涧水穿梭萦流于建筑物之间，河道能行驶游船，沿岸可供垂钓。湖水清澈甘甜，菱荷竞美，鱼跃蛙鸣。园内树木繁茂，植物配置以柏树为主调，其他的种属则分别与不同的地貌或环境相结合而突出其成景作用，如前庭的沙棠，后园的乌裨、石榴，柏木林中点缀的梨花等。可以设想金谷园的那一派赏心悦目，恬适宜人的风貌，在清纯的自然环境、田园环境和朴素的园林环境中又显现一派绮丽华靡的格调。

东林寺位于江西九江庐山西北麓，是佛教净土宗的发祥地，东晋时南方佛教的中心道场。

东林寺始建于东晋太元十一年（386年）。名僧慧远为东林寺建寺者。他先在西林寺以东结"龙泉精舍"，后得江州刺史桓伊之助，筹建东林寺。慧远在东林寺主持30余年，集聚沙门上千人，罗致中外学问僧123人结白莲社，译佛经、著教义、同修净土之业，成为佛门净土宗的始祖。

庐山东林寺营建在自然风景优美的地带，该寺北负香炉峰，傍带瀑布之壑，表石垒基，即松栽构，周回玉阶青泉，森树烟凝，宛若仙境。处幽谷之中，其周围的群山绿树犹如碧绿的屏风，庙前有虎溪水流过，更突出这片清凉世界与尘世属于不同的境界。

东林寺红墙环绕，在碧绿的景色中昭示着佛国的威严。东林寺的建筑，纵轴线上为山门、弥勒殿、神运殿。神运殿两侧有三笑堂，十八高贤影堂。三笑堂后有藏经阁、聪明泉。神运殿是寺内最宏伟的建筑。

东林寺是营建在自然风景优美地带的寺观，不仅成为宗教基地，也成了自然风景区开发的开拓者，以宗教信徒为主的香客、以文人名士为主的游客纷至沓来，甚至成为皇帝、贵族们听喧避政，游山赏景的世外桃源。于是，远离城市的名山大川不再是神秘莫测的地方，它们已逐渐向人们敞开其无限幽美的丰姿，形成早期旅游的风景名胜区。

东林寺的园林经营，与私家园林的别墅颇有异曲同工之处。

会稽兰亭

绍兴兰亭位于浙江绍兴城外兰渚山下，原是越王勾践种植兰花的地方。至东晋永和九年（353年）三月三日，因大书法家王羲之在此会聚当时的社会名流26人作曲水流觞的修禊活动，自撰书《兰亭集序》而扬名古今，成为我国的书法圣地。1600多年来，兰亭地址几经变迁，现在兰亭是明朝嘉靖二十七年（1548年），从宋兰亭遗址——天章寺迁移到此，期间几经兴废。清康熙三十二年（1693年），康熙御笔《兰亭集序》勒石，上覆以亭。到了清嘉庆三年（1798年）重修兰亭、曲水流觞处、右军祠等。并查明旧兰亭址在东北隅土名石壁下，已垦为农田，于是将垦为农田的旧址重新纳入兰亭。

兰亭在今浙江绍兴西南13.5千米的兰渚，有亭翼然，建于渚上。兰亭曾经多次挪移位置，为的是找到一个更理想的自然环境。这是一个以亭为中心，周围"有崇山峻岭，茂林修竹，又有清流激湍，映带左右"的大自然环境。

现在，整个兰亭景区位于平地上，周围为水田。基地南北进深约 200 余米，东西宽约 80 米，入口在北端。进门经一段曲折的竹径到达鹅池，池旁三角亭内碑上：大书"鹅池"二字。池南为土山，山上林木茂密，将兰亭主景部分隐蔽于土山之后，起到"障景"的作用。由鹅池碑亭旁屈曲前进，到达"兰亭"碑亭。此亭为盝顶方亭，式样较为别致。经此亭折而右，就是兰亭主题景区——曲水及流觞亭。曲水流觞盛行于六朝至唐宋，是文人雅集的一种形式。唐宋以后都在石上刻曲折的水槽，上覆亭子，称为流杯（觞）亭，众人各据曲水一方，羽觞随水而流，停于何人位前就应赋诗、饮酒，文人以此相娱，格调极高。明清时仍有这种风气，北京中南海、故宫乾隆花园都有这种流杯亭遗例，滁州琅琊山醉翁亭西侧也有一例。但兰亭所建流觞亭为一纪念亭，其式样作四面厅式，亭内不作曲水流觞之举，故与一般流杯亭不同。流觞亭北有一座八角重檐攒尖亭，亭内有康熙手书《兰亭集序》碑，碑高 6.8 米，亭高 12.5 米。碑亭东侧为王羲之祠，俗称"右军祠"。因王羲之在东晋曾官至右军将军，故也自称王右军。祠在水池之中，祠内又是水池，内外有水夹持，可称是此祠一大特色。

兰亭有雅致的园林景观、独享的书坛盛名、丰厚的历史文化积淀于一体，"景幽、事雅、文妙、书绝"为四大特色。

会稽兰亭是文人名流经常聚会的一处近郊的风景游览地，具有公共园林的性质。它作为首次见于文献记载的公共园林，有其历史的价值。亭在汉代本来是驿站建筑，也相当于基层行政机构，到两晋时，演变为一种风景建筑。文人名流在城市近郊的风景地带游览聚会、诗酒唱和，亭的建置提供了遮风蔽雨、稍事坐憩的地方，也成为点缀风景的手段，逐渐又转化为公共园林的代称，会稽近郊的"兰亭"便是一例。

兰亭建于群山合抱、曲水围绕的山阴之地，周围山明水秀，景色优美疏朗，造园以山为骨架，水为血脉，直接引天然景物入园，景区布局疏密相间，建筑错落有致，小巧而不失恢宏之势，典雅而更具豪放之气。

兰亭有深厚的文化底蕴。王羲之的《兰亭集序》以清新朴素的语言，记叙了一次江南名流的雅集盛会。"永和九年，岁在癸丑。莫春之初，会于会稽山阴之兰亭，修禊事也。群贤毕至，少长咸集。此地有崇山峻岭、茂林修竹，又有清流激湍，映带左右。引以为流觞曲水，列坐其次。虽无丝竹管弦之盛，一觞一咏，亦足以畅叙幽情……"借园林之境而生发人景感应的情愫，道出与会者的寄情山水、神与物会的心态。表现了南朝文人名流的恬适淡远的生活情趣，也能够在一定程度上折射出他们的"园林观"。通过这次文人名流的雅集盛会和诗文唱和所流露出来的审美趣味，给予当时和后世的园林艺术以深远的影响。

扩展阅读　张伦宅园

张伦，北魏上谷沮阳人，性爱豪奢，孝明帝（510—528 年）时官司农少卿。其宅园中，造有一座大的假山，名"景阳山"。《洛阳伽蓝记》中记述张伦的宅园和景阳山："敬义里南有昭德里。里内有……司农张伦等五宅。……唯伦最为豪侈。斋宇光丽，服玩精奇，车马出入，逾于邦君。园林山池之美，诸王莫及。伦造景阳山，有若自然。其中重岩复岭，嵚崟相属，深蹊洞壑，逦递连接。高林巨树，足使日月蔽亏；悬葛垂萝，能令风烟出入。崎岖石路，似壅而通；峥嵘涧道，盘纡复直。是以山情野兴之士游以忘归。"天水人姜质曾游览此园，因作《庭山赋》以咏之："其中烟花露草，或倾或倒。霜干风枝，半耸半垂。玉叶金茎，散满阶墀。燃目之绮，裂鼻之馨。既共阳春等茂，复与白雪齐清。……羽徒纷泊，色杂苍黄；绿头紫颊，好翠连芳。白鹤生于异县，丹足出自他乡，皆远来以臻此，藉水末以翱翔。"

可见，张伦宅园是以大假山景阳山为主景。掇山技术达到了相当高的水平，已经能够把自然山岳的主要特征集中表现出来。畜养多种珍贵禽鸟，则尚保持着汉代遗风。此园具体规模不得而知，想来不会太小。但在洛阳这样一个人口密集的大城市的坊里内建造私园，用地毕竟是有限的。除个别情况外，一般不可能太大。唯其小而又全面地体现大自然的山水景观，就必须求助于"小中见大"的规划设计。也就是说，人工山水园的筑山理水不能再运用汉代私园那样大幅排比铺陈的单纯写实摹拟的方法，必得从写实过渡到写意与写实相结合。

第六章

哲学奥妙

——魏晋时代的玄学文明

魏晋玄学是中国文化发展史上的一个重要阶段。它改变了汉代的儒学与道家思想，同时它还对魏晋南北朝时代的文学艺术，乃至文人学士们的生活习俗等，都产生了极其深远的影响。

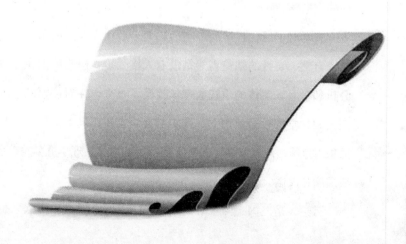

哲学史上新历程——玄学产生

　　玄学是一个真正的本体论哲学。在汉代基本上只有宇宙论、社会哲学和数术、神学，玄学本体论的出现是中国哲学史上的一件大事。

　　相比之下，宇宙论之前的道家本体论则幼稚得多，是一种半直观、半艺术的哲学，而玄学尽管在发生期受到道家的很大影响，却在自身中演化出了独特的概念体系和范式。到了"化"成为主导观念的时候，玄学已不再是一种清谈了，而成为一种真正的哲学。

　　玄学的"化"和"自性"与魏晋崇尚自然、个体的精神是一致的。

　　玄学的意理分析方法是历史上最早的、成熟的哲学工具系统。

　　玄学是玄，但不妙。玄学与道家的本体论、孔子的大同世界相比，是更倾向于个体化、更倾向于现实的哲学。它的出世色彩其实是反社会、反文明的末世感。

　　玄学对于后代哲学的影响远远大于后代人对它的承认。它关于化、个体、自然、自性的结论当然是没有人接受了，但它的内在方法，它的意理分析和对意味实体的重视被理学接受了下来。在对儒家的态度、对社会的态度和哲学的社会效用上，理学与玄学本质不同，甚至是死敌，但在哲学对象（意味、理气实体）和哲学的意理分析上，理学更多的继承玄学，而非战国儒和汉儒。

　　玄学，是三国、两晋时期兴起的、以综合道家和儒家思想学说为主的哲学思潮，故通常也称之为"魏晋玄学"。玄学是魏晋时期取代两汉经学思潮的思想主流。

"玄"这一概念，最早见于《老子》："玄之又玄，众妙之门。"王弼《老子指略》说："玄，谓之深者也"。玄学即是研究幽深玄远问题的学说。

1. 玄学产生背景

玄学产生于魏晋盛行于隋唐，这和当时的社会有着密切的联系。魏晋时期，朝代更迭频繁，生活在这样的时代里，人们及当时的知识分子都有强烈的朝不保夕的感觉，所以谈玄说易成为当时社会茶余饭后的主要活动，以此来达到精神世界的暂时满足，回避社会现实的残酷。乱世之中，老庄思想抬头，加上曹操等人崇法术刑名，便有了玄学产生的历史背景。

2. 玄学发展阶段

魏晋玄学的发展经过四个时期：第一是曹魏正始时期。玄学家以何晏、王弼为代表，以《易》《老》为理论论据，盛倡"贵无"，主张"言不尽意""名教出于自然"，为门阀士族利益服务；第二是西晋初至元康时期。玄学家以竹林名士阮籍、嵇康为代表，思想上与何、王学派对立，在名教与自然的关系上主张"越名教而任自然"，代表庶族寒门的利益；第三是晋元康时期。玄学家以裴頠为代表，提倡"崇有论"，反对"贵无论"；第四是晋永嘉时期。玄学家以向秀、郭象为代表，是玄学的综合和完成时期。

魏晋玄学的基本特点有以下几个方面：

（1）以"三玄"为主要研究对象，并用《老子》《庄子》来注解《易经》。

（2）以辩证"有无"问题为中心。以何晏、王弼为代表的玄学贵"无"派把"无"作为世界的根本和世界统一性的基础；崇"有"论者裴頠则认为"有"是自生的，自生之物以"有"为体。

（3）以探究世界本体为其哲学的基本内容。贵"无"派把"无"当作"有"的存在根据，提出了"以无为本"的本体论思想；郭象则主张独化说，认为"有"是独自存在的，不需要"无"作为自己的本体。

（4）以解决名教与自然的关系问题为其哲学目的。王弼用以老解儒的方法注解《易经》和《论语》，把儒道调和起来，认为名教是"末"，自然是"本"，名教是自然的必然表现，两者是本末体用的关系。阮籍、嵇康提出"越名教而任自然"的主张，表现出反儒的倾向。

（5）以"得意忘言"为方法。针对汉儒支离烦琐的解释方法，王弼、郭象等强调在论证问题时应注意把握义理，反对执着言、象，提出"得意忘言""寄言出意"的方法。

（6）以"辨名析理"为其哲学的思维形式。玄学家重名理之辨，善作概念的分析与推理，辨析名理是其思维形式的基本特征之一。

知识链接

玄学五体

随着时代的发展，玄学的内涵不断被后世方术家所充实，产生了包括山、医、命、卜、相在内的五种体系。

山，包含的内容是指修身养性，静坐内炼等，大略可以包括：导引、内丹术、外丹术、武术等。代表著作有《太清导引养生经》《伍柳仙踪》《唱道真言》《铜符铁券》以及太极拳、五行拳等。

医，就是古代中医系统，治疗手段为：针灸、汤剂、推拿、祝由等。代表书籍有《黄帝内经》《黄帝八十一难经》《脉经》《针灸大成》《本草纲目》《汤头歌》等。

命，指的是占算人生命运的学问，大略分为：四柱、紫微斗数、九星论命等。代表著作有《渊海子平》《滴命髓》《紫微斗数全书》等。

卜，指占卜运程的行为，大略分为：六爻、梅花、六壬、奇门等。代表著作有《易林》《增删卜易》《梅花易数》《皇极经世书》《大六壬全书》《奇门旨归》等。

相，是观察人的面貌、地理环境等的方法，大略分为：面相、手相、风水等。代表著作有《柳庄神相》《麻衣神相》《地理全书》等。

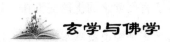

玄学与佛学

玄学来自清谈，虽然以《老子》《庄子》为中心，但与作为宗教的道教没有密切关系，却在佛教那里找到了知音。

玄学与佛学的结合，来源于其所依据的经典之间内在的一些共通之处。例如，东晋著名的僧人僧肇法师就是以《老子》《庄子》的学习而进一步进入佛经学习的。

僧肇（383—414 年），京兆人。东晋时期的京兆郡，即今天的西安地区。僧肇出身贫寒，很早就以抄写书籍为生，那个时代印刷术还没有发明，所以学校、读书人、寺院都需要大批书法较好的抄书者，能从事抄写工作的人，都是自身受过比较系统儒学教育的底层知识分子，当时从事这个职业的人，叫作"佣书人"。凭借着佣书人的便利条件，好学善思的僧肇遍读各类经史典籍。那个时代玄学盛行，所以《老子》《庄子》这些典籍的需求量很大，估计僧肇所抄的书里面，此类典籍所占的比例极高，因此《高僧传》中说他"以庄、老为心要"。所谓书读百遍理自通，抄写的遍数多了，自然对老、庄就很有心得和体会。僧肇读《道德经》，对其中所讲的道理很不满足，他说："老子所讲的道美则美矣，但在冥想深思方面，还是有不尽完善的地方啊。"等他后来读了《维摩诘经》后,深深为其中所讲的思想所折服。他摩挲经书,一遍遍地仔细拜读,心中欣喜异常,感叹地说:"现在我才知道该做些什么了。"于是,他出家做了僧人。

东晋以后,谈空的大乘佛学逐渐渗入玄学之中,而佛教学问僧们,也在玄学中找到了解空的本土思想资源。由于佛教大乘经典的成熟翻译,东晋以后的佛教僧人,学问僧比例逐渐增多,他们开始与那些时代名士和官僚文人结交唱和,这样玄言便常常同佛语交汇在一起,制造出了许多文坛典故或士林佳话。东晋名士孙绰也就顺水推舟,编排出一个僧人中的"竹林七贤"名录,他们是竺法护、帛法祖、法乘、竺道潜、支道林、于法兰、于道邃等。

名教与自然之辩

名教与自然的关系问题是封建社会士人必须面对的一个基本问题,因为它关乎士人的个体自由与群体秩序的关系。

玄学作为学术思潮,是顺着名教与自然之辩、有无之辩和言意之辩这三大辩论来展开的,有无之辩为名教与自然之辩提供了理论支持,言意之辩为有无之辩提供了思维方式上的依据。名教,一般指以正名分、定尊卑为主要内容的封建礼教和道德规范。自然,主要指天道自然,认为天是自然之天,天地的运转、万物的生化都是自然而然、自己如此的。

"名教"和"自然"观念产生于先秦。孔子主张正名,强调礼治;老子主张天道自然，提倡无为。所以，孔子和老子被后世看作"贵名教"与"明自然"的宗师。

古代思想家们对名教、自然以及这两者之间关系的认识，有一个发展过程。

两汉时期，董仲舒为了确定"独尊儒术"的地位，他发挥孔子的正名思想，强调社会上的等级名分。而《淮南子》和王充则用道家的自然观念与董仲舒的名教观念相对抗。

魏晋时期，社会混乱，玄学家的哲学倾向和政治见解也各不相同，"名教"与"自然"的关系就成为一个争辩的论题。玄学家们试图通过这一论题的争辩，把儒家的名教观念和道家的自然观念调和起来，为名教存在的合理性寻找新的理论根据。

正始时期，夏侯玄率先提出调和名教与自然的论题。正始十年（249年）以后，嵇康、阮籍对司马氏表面上标榜名教而实际上却篡权的行为非常不满，他们强调名教与自然的对立，主张"越名教而任自然"。嵇康、阮籍主张"心不存于矜尚""情不系于所欲"。他们认为名教是束缚人性的枷锁，是"天下残、贼、乱、危、死亡之术"，并非出于自然，期望没有"仁义之端，礼律之文"的自然境界。

西晋太康之后，门阀贵族子弟受阮籍、嵇康的影响而"放达"之风盛行，他们蔑弃名教，使名教发生危机。乐广批评当时的"放达"之风说："名教中自有乐地，何必乃尔。"郭象对名教与自然的统一进行了论证，他认为名教即是自然、自然即是名教，二者不可分离。他指出，事物现存的状态，即君臣上下，尊卑贵贱，仁义礼法，都是"天理自然"，"任名教"就是"任自然"。他认为"圣王"最能领会名教就是自然的道理，"虽在庙堂之上，然其心无异于山林之中"，也就是说帝王虽然过着世俗生活，但是精神却十分清高，"外王"（名教）和"内圣"（自然）是一回事。郭象在理论上使名教与自然的对立走向统一，虽然这个统一是虚构的。

东晋末期，陶渊明真正做到了弃离名教而全身心融入自然。在他看来，那种脱离名教的"自然"是自己本来应有的生活归宿，是"质性自然，非矫厉所得"（《归去来兮辞》）。和阮籍一样，他也贪恋酒杯，生活放荡，但他并不像阮籍那样始终在名教的羁绊中痛苦挣扎，而是安贫乐道，怡然自得。他的隐逸，不是名教与自然相互调和的结果，而是真正彻底地归与自然、融入了自然。所以当他成为隐逸士人的人格风范时，标志着玄学思想发展的极致，也标志着玄学"自然"观发展的终结。

 "以无为本"的玄学之道

在魏晋"贵无论"玄学的建立过程中，作为倡导者的何晏的功绩是不可泯灭的。何晏依据《周易》和《老子》这两部经典提炼出了"以无为本"的命题，这是玄学的基本命题，哲学史上从经学思潮过渡到玄学思潮就是以这个命题的出现为标志的。

何晏（190—249 年），三国曹魏时期的哲学家、文学家，字平叔，南阳宛（今河南南阳）人，汉末大将军何进之孙。何进因董卓之乱被杀后，其母尹氏被曹操纳为夫人，晏亦被收养，后来又娶曹操女儿金乡公主为妻。何晏性骄矜，曹丕、曹植都讨厌他，所以长期得不到任用。至正始初，曹爽执政，何晏才被重用，擢为散骑侍郎，迁侍中、吏部尚书。正始十年（249年），司马懿发动政变，何晏作为曹爽党羽之一被杀。

何晏与夏侯玄、王弼等倡导玄学，竞事清谈，遂开一时风气，为魏晋玄学的创始人之一。何晏坚持以道解儒，他的思想主导方面属于道家，遂将道家思想引入他的玄学思想体系。何晏的主要著作有《论语集解》《道德论》《景福殿赋》等篇。

在宇宙观方面，何晏改造了道家的宇宙生成说。《老子》在给道作质的规定时，虽常立它"无名""无声""无象""不可系"，但实际上是把道当作一种实体看待的，何晏则认为"道"是"无"，是空无所有，如说："夫道之而无语，名之而无名，视之而无形，听之而无声，则道之全焉。"其本意是说道没有任何具体事物的那种局限性，不偏执拘泥于某物、某形、某声。这样它就可以作为世界万物的本体。由此看出，何晏讲的"无""无所有"是指事物的共性，"有所有"是指具体事物而言，讲的是个性。他认为，共性要概括所有事物，它本身只能是"无"。何晏不把"道"和"无"看成实体，并企图对宇宙进行逻辑的分析，这在克服宇宙生成论方面起了开路的作用。

在社会政治思想方面，何晏坚持和发展了道家的自然无为思想。他在《景福殿赋》里说："体天作制，顺时立政……远则袭阴阳之自然，近则本人物之至情……想周公之昔戒，慕咎繇之典谟。除无用之官，省生事之故。绝流遁之繁礼，反民情于太素。"这里虽然也景仰周公那样的儒者，但通篇都是讴歌道家的自然无为、崇尚朴素的思想。何晏对道家的无为思想有扬弃的。道家的自然无为，一层含义是因循自然，遵从自然规律，顺物之性而作；另一层含义是，无所作为，乃至废弃科学、文化、政治伦常等制度。而何晏只主张顺乎自然，反对繁文缛节，主张清静无为，对于名教，他并不主张废除，只要求从简，"除无用之官，省生事之政"。这是对道家"无为而治"思想的进一步发挥。

王弼与其玄学之道

王弼的"玄学",是借《老子注》《周易注》与《论语释疑》建立起来的,是魏晋南北朝玄学哲学的代表,他"以无为本",作为哲学的最高范畴,取代了老子哲学的"道",使我国古代哲学的发展,名副其实地进入了理性发展的历史阶段。

王弼(226—249年),字辅嗣,山阳郡高平县(治今山东省鱼台市东北)人,三国魏玄学家,出生名门大族。祖父王凯,是著名文学家王粲的族兄;父亲王业,官至尚书郎。由于家庭的熏陶和自身的天赋,王弼慧颖早成。十多岁时,便十分爱读《老子》等道家著作,能言善辩,颖悟过人。当时有位大学者裴徽,精通《易》《老》《庄》之义理,以善清谈而闻名。王弼前往拜访,交谈后,裴徽对这位年轻人肃然起敬。王弼由此而名声大噪,逐渐成为驰名当世的玄学大家。

正始年间(240—249年),魏国朝政被宗族曹爽把持。曹爽为扶持亲信而任用一大批玄谈高手,为玄学的成熟提供了肥沃的土壤。主持官吏选拔的何晏,是一位很有影响的大哲学家,对王弼哲学体系的完善产生了重大影响。王弼因何晏走入仕途,但从政非他所长,且不受重用,因此以专心研究玄学为务。正始十年(249年)正月,蓄谋已久的司马懿突然发动政变,废掉曹爽,政局大变。何晏因是曹爽主要党羽,被处死。王弼在这场政权更迭中被免官。但何晏的死使王弼悲伤不已,身心受到极大伤害。同年秋天,因患传染病去世，时年仅 24 岁。

王弼虽英年早逝，却著述颇丰。有《老子注》二卷、《老子指略》，自成体系而又颇多发明；有《论语释疑》三卷；有《周易注》十卷、《周易略例》为《周易》的重要注本。在所有这些著作中，以《周易注》最为重要，被收入《十三经注疏》中。

王弼在老子思想的基础上，进一步肯定了"无"在哲学中的

王弼像

重要价值，他说："万物万形，其归一也。何由致一，由于无也。"也就是说，万物虽千变万化，千差万别，但最终只能回到它们的共同根本——"无"。"无"是抽象的，王弼对它的描述是："听之不可得而闻，视之不可得而彰，体之不可得而知，味之不可得而尝"。这种无色、无味、无声、无觉的东西就是"无"。正因为"无"什么也没有，所以什么都在里边，也就能孕育世界万物。同时，王弼更加明晰了"无"和"有"的哲学关系。王弼认为，"无"和"有"是一对既相互依存又相互排斥的矛盾，它们相辅相成，缺一不可。"无"是"有"产生的原因，而"有"是了解"无"的必然途径。"无"虽然生"有"，但二者在时间上不分先后，在空间上不分彼此，它们是本末和体用的关系。

王弼的"言意之辨"思想在魏晋玄学史乃至中国哲学史上都是十分重要的，其基本思想主要集中体现在《周易略例·明象》章中。"言意之辨"包含着两方面的意义，一是有形的现象世界，即"共相的言象意"，认为属于思想层面的"意"，虽然很抽象深微，不能直接用属语言层面的"言"表

达，但"言"可表达"象"，"意"则可以通过"象"而显示，即是可以用"言"和"象"来尽"意"。另一方面是无形的本体，即所谓"殊相的言象意"，是不可用"言"和"象"尽意，只能用"微言"来启发，用意会进行内心体验。王弼清楚区别"言""象""意"三者不同，对于理解语言和思想有很大启示。

对圣人的讨论，一向是玄学家们关注的焦点。焦点中的一个问题是，圣人有无喜怒哀乐等人之常情。一般认为，圣人之所以为圣，就是因为他们超越了常人的情感羁绊，因而才创造了无比辉煌的业绩。但王弼对此有自己的看法。他认为，圣人也是人，肯定也有自己的喜怒哀乐。圣人超过常人的只是他们特别的智能。圣人遇到重大悲喜时，他们的情绪也有相应的反映。只是因为圣人能体察到"无"的道理，从而被圣人的这种假象所蒙蔽，那就大错特错了。王弼对圣人的看法是比较开明的，在一个到处充斥着对圣人顶礼膜拜的封建时代，能有这样的认识是很不容易的。

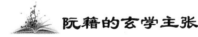

阮籍的玄学主张

从魏晋之始到南北朝终的数百年间，相比于玄学理论，阮籍那种宏放旷达的精神风貌、生活情趣或行为，对当时的士大夫阶层影响更大。

阮籍（210—263 年），字嗣宗，陈留尉氏（河南今县）人。父亲阮瑀，是有名的"建安七子"之一。

阮籍是一位诗人，又是一位思想家，一生著述宏丰。《乐论》《通易论》《通老论》《达庄论》和《大人先生传》，是他在哲学、政治思想方面的主要著作。由其著作来看，阮籍的哲学、政治思想大致经历了以下三个发展阶段。

1. 崇尚儒学期

大约在正始以前，也就是阮籍30岁之前，他"本有济世志"，《乐论》是这一时期的代表。在《乐论》里，他赞颂礼乐的教化作用，强调要维护封建等级制度和封建道德规范。他说："尊卑有分，上下有等，谓之礼；人安其生，情意无哀，谓之乐。"这时的阮籍把礼、正、乐、平看成是"固上下之位，定性命之真"的表征，是"四海共其欢，九州一其节"的反映。为此，他对魏明帝时期的弊政深表不满。

2. 推崇老庄，主张名教自然相结合期

大约在40岁前后，在玄学思潮的影响下，阮籍已转而用道家思想去解释儒学，主张名教本之于自然。《通老论》和《通易论》可视为这一时期的作品。在《通老论》中，他强调要因循自然，说："圣人明于天人之理，达于自然之分，通于治化之体，审于大慎之训。故君臣垂拱，完太素之朴；百姓熙怡，保性命之和。"这里讲的"天人之理"，实际上就是名教与自然的结合。在《通易论》中，阮籍对名教和自然的关系做了进一步发挥，认为"《易》顺天地，序万物，方圆有正体，四时有常位，事业有所丽，鸟兽有所萃，故万物莫不一也"。这种因循自然的哲学观点，表现在政治思想上便是无为而治。他说："是故圣人以建天下之位，定尊卑之制，序阴阳之适，别刚柔之节。顺之者存，逆之者亡，得之者身安，失之者身危。"为此，他希望为人君者，"在上不凌乎下"；为百姓者，"处卑而不犯乎贵"。这样，就会出现安定太平的局面。

3. 倡导"无君"说，诋毁礼教期

正始十年（249年）发生的"高平陵事件"，使阮籍的思想发生了更大的变化。《大人先生传》和《达庄论》是这一时期思想的代表。在《达庄论》中，他否认有主宰天地万物的神，还认为那些"诵乎六经之教，习乎吾儒之迹"的人是伪君子，是"出媚君上，人欺父兄"岌岌于名利富贵的可怜虫。在《大人先生传》中，他进一步讽刺那些礼法之士，不过是"饥则啮人"的钻进裤裆里的虱子。阮籍在鄙弃虚伪的礼教前提下，主张建立一个"无君"的社会，他的论点是："君立而虐兴，臣设而贼生""盖无君而庶物定，无臣而万物理。"他认为，"夫无贵则贱者不怨，无富则贫者不争"，没有贫贱富贵，没有君臣礼法，才是一个理想的"至德之世"。阮籍这种无君无臣无富无贵的思想，实际上是在反对司马氏集团，反对虚伪的礼教。但他为了生存不敢公开去反对他们，因而在生活行为上故意违礼背俗，纵酒佯狂。

总而言之，阮籍的哲学观点和政治思想，比何晏、王弼的"贵无论"前进了一大步。他的无君臣、无贵贱、无贫富的主张，反映出他对当时的社会现实的认识，以及对理想社会的向往。

知识链接

阮籍不拘礼法

阮籍十分孝顺，但听到母亲去世的消息时，他正在和别人下围棋，对方要求终止这盘棋，阮籍却执意要一赌输赢。回家后饮酒两斗，大声一号，吐血几升。等到母亲快要下葬时，吃了一只蒸熟的小猪，喝了两斗酒，然后与母亲做最后的诀别，一直到说不出话，后来又大号一声，吐血几升，因过度哀伤，形体消瘦，几乎到了没命的地步。

传说阮籍黑白眼珠非常分明，能用青眼和白眼看人。母亲去世了，嵇喜来安慰他，阮籍用白眼对待，嵇喜十分不高兴地回去了。嵇喜的弟弟嵇康听说后，就带着酒夹着琴去拜访他，阮籍很高兴，就用青眼对待嵇康。因此，拘于礼法的人都十分恨他。

扩展阅读　鲍敬言的《无君论》

在魏晋玄学流行时期，鲍敬言是一位激进思想家。他的著作《无君论》早已遗佚，现在只能从葛洪《抱朴子》中的"诘鲍篇"中以窥见其片断。鲍敬言的生平也只知道他是和葛洪同时代的人，即西晋末东晋初人。

魏晋时期社会动乱，在残酷的政治斗争中，一批批名士被送上刑场。何晏说："常畏大罗网，忧祸一旦并。"百姓们更命如鸡犬，在军阀混战和天灾下，常死于非命。而一些当权者如贾充、何曾之流却还在大谈其君臣礼法。这就更使一些思想激烈的知识分子要去思索社会苦难的根源。他们得出了社会动乱和种种灾难归根到底是由君主制度造成的。

在鲍敬言以前，阮籍就已经提出了无君的思想。他在《大人先生传》中认为：远古开天辟地，万物并生。人们不为利益而争夺，也不会为灾害而逃避。聪明者不以智慧取胜，愚暗者也不因迟钝失败；弱者不必怕强者，强者也不欺负弱者。这是因为无君无臣，万事安定。后来有了君臣、贵贱，欺诈、暴虐就产生了。制定礼法是为了束缚老百姓。官吏们表面上道貌岸然，实际上贪污强暴，不顾廉耻。这种否定君王礼法的思想，到了鲍敬言的《无君论》进一步发展了。

儒家学说宣扬君权神授，认为国君是上天之子；天子有无限权威，人民是不能反对的。鲍敬言认为，君主并不是天之子，而是人类中最强暴的人。他说，自然万物都是由阴阳二气而生，天尊地卑的观念是错误的。宣扬天子是上帝任命，这是想当皇帝的人编造出来的。实际上，君主只是一些强暴者。社会上强暴者欺凌弱小者，聪明者欺诈愚昧者，于是产生了君臣。所以君主产生是"争强弱而较愚智"的结果，与天意天命没有什么相干。

鲍敬言认为，君主制度是人民饥饿贫困的根源。他说君主官吏和人民的关系好比獭和鱼、鹰和鸟。"夫獭多则鱼扰，鹰众则鸟乱。"君主设立百官，老百姓就要穷困。君主官吏利用权力穷奢极欲、肆意享乐，住的是高大的宫殿，吃的是山珍海味，出门有车马，后宫有美女，搜罗奇珍异宝；而老百姓住的是茅草小屋，衣不蔽体，食不果腹，很多人穷得娶不起妻子。君主不是神，他的财产是从哪里来的呢？还不是依赖手中权力对人民加重夺取得来的。"奉上厚则下民贫"，君主官吏的享乐是建筑在老百姓的痛苦之上的。

鲍敬言认为，君主和人民的矛盾是不可调和的。君主贵族穷奢极欲，人民必然饥寒交迫。当被逼得走投无路时，就要造反。"劳之不休，夺之无已，田芜仓虚，杼柚之空，食不充口，衣不周身，欲令勿乱，其可得乎？"

鲍敬言最高的政治理想是无君的社会。他热情地歌颂了上古时代没有压迫、没有剥削的无君社会。在那样的社会里，"无君无臣，穿井而饮，耕田而食，日出而作，日入而息""不竞不营，无荣无辱""身无在公之役，家无输调之费""势利不萌，祸乱不作，干戈不用，城池不设"。自由自在，安居乐业，根本原因就是没有君主制度和这种制度造成的种种罪恶。

鲍敬言的思想，反映了封建社会备受压迫的农民群众和一些贫困的知识分子的思想。《无君论》是一篇指向封建君主制度的战斗檄文。它表达了对君主制度的强烈憎恨，动摇了神圣的君权神授理论。它不是希望出现一个好的君主，而是从根本上否定了君主制度；不是揭露封建社会个别方面的罪恶，而是对整个封建君主专制制度进行了批判。这在中国古代封建社会是一种大胆的进步言论，是封建时代民主性的精华。

《无君论》受到统治阶级的敌视和仇恨，葛洪对它进行了反驳。但鲍敬言没有退缩，与葛洪进行了反复的辩论。表现了一个唯物主义者坚持真理的可贵勇气和战斗精神。

《无君论》也有它的历史局限性。它没有认识到君主、国家的产生是社会生产力和阶级斗争发展的必然产物，是历史的必然；而"无君"的观点，实际上只是一种不切实际的空想。但这些缺点并不掩盖《无君论》的进步性和战斗的理论光芒。

第七章

骈文诗赋
——魏晋南北朝的文学

魏晋南北朝是一个充满争夺的时代，政权更易频繁，多种政权并存，汉族与少数民族政权对峙并互相融合。纵观魏晋南北朝四百年的历史，与两汉的大一统局面迥然不同。剧烈的社会动荡，长期的南北对峙，士族制度的确立，少数民族入主中原，以及由此而产生的极为复杂的民族矛盾、阶级矛盾和统治集团内部的矛盾，无疑会对这一时期的文学发展产生直接的影响。

魏晋南北朝骈文鼎盛

魏晋南北朝是中国散文又一次发生重大变化的时代。从广义说，"散文"包括了散文、骈文和辞赋。

建安时期是中国散文发展的一个重要历史阶段，也是一个开风气之先的时期。曹操为文不尚华词，多实事求是，无所顾忌。其文章在内容和形式两方面都能突破前代陈规，形成清峻、脱俗的文风，成为"改造文章的祖师"，对当时及后世散文产生了重要影响。曹丕、曹植的散文众体兼备，风格自具。曹丕之文，通脱自然之风近于曹操，而其文章之华丽则沿袭了东汉文风。曹植文章意气极盛，文采焕发，文质兼胜。孔融文章以议论为主，辞采典雅富丽，放言无忌。建安后期，文章讲究用事，重视辞藻，表现了由质而文的发展趋势。

西晋时期，骈文兴起，散文成就不高。西晋初年张华之笔札，信手挥洒，文风自然洒脱。东晋的王羲之、陶渊明成就较高。王羲之之文清新疏朗，风神摇曳，风格真挚而自然。陶渊明之文不尚偶俪，不近繁缛，语言清腴，风格淳真而淡泊。

南北朝时期，骈文鼎盛，散文中衰。刘宋时期的鲍照是一位骈体文名家，他写了不少骈体应用文，也写了一些骈体写景之作，其文章以整饬的骈句为主，而时杂散句，兼有散文之长。齐、梁时期，时主儒雅，笃好文章，骈文的发展达于极盛。齐代的孔稚珪、竟陵王萧子良，均为骈文作家。

齐初文坛的核心人物王俭，其文辞采富丽，骈四俪六，且以数典为工，开齐、梁骈文以博富为长之风，表现了南朝骈文的本色。"永明体"的创建者王融、沈约以及任日方等人，均为骈文高手，他们将声律理论移植于骈文创作，使文章音律谐美，大大提高了文章的骈化程度。

梁朝骈文又有发展。昭明太子萧统的《文选》，对骈文的发展无疑起了推波助澜的作用。而梁简文帝萧纲、梁元帝萧绎均为骈文的重要作家，特别是他们重辞采、重音律、重抒情，对提高文章的骈化水平起到了重要作用。庾肩吾文章传世不多，但颇能代表当时骈文"弥尚丽靡"的风尚，其文骈四俪六，对偶工整，通篇隶事，雕琢字句，标志着骈体文已发展到完全成熟的地步。此外，像陶弘景、吴均、丘迟、江淹、何逊等，都有骈文名作问世。齐、梁时期，骈体文统治了整个文坛，包括许多实用文体，无不骈化。但同时，骈体文内容空虚，形式绮艳，格调卑弱，贵族化和程式化的倾向十分严重。陈朝沿袭齐梁遗风，依旧是骈文主宰文坛。徐陵是南朝最后一位骈文大家，其《玉台新咏序》极尽工巧靡丽之能事。

北朝骈文远逊于南朝。北魏中期的袁翻、常景向南人学习骈文，尚处于学步阶段；北魏后期的温子升、邢邵、魏收等人的骈文标志着北朝文向南朝文的靠拢，但仍多模仿南人，缺乏特色。直至西魏末年，庾信、王褒等人由南朝北宋，骈文始盛。庾信是南北朝时期最有成就的骈文大家，他能纯熟地驾驭骈四俪六的语言格式，使骈文发展到了无施不可的地步。

骈体文是一种特别讲究艺术性和形式美的文体。用艳丽工巧的形式掩饰贫乏的内容，这是骈文最大的特点，也是其最突出的弱点。骈体文在南北朝时期的畸形繁荣，助长了形式主义文风的泛滥，对后世文学产生了不良的影响。

然而就在齐、梁骈文鼎盛之时，又有人起而批评骈文。在南朝而反南朝文风者，前有范缜，后有裴子野，他们反对骈俪，不尚淫靡之词，代表了文章由文而质的转变趋势。北朝散文虽受南朝影响，但是自有特色。颜之推倡导古今文体合流，其代表作《颜氏家训》质朴无华，别具一格；郦道元的《水经注》骈散相间，以散为主，对后世山水散文的发展影响巨大；杨衒之的《洛阳伽蓝记》，工于描绘，文笔流畅，以散体为主，但表现了较重的骈俪习气。此外，魏晋南北朝时期的史家之文（如陈寿的《三国志》、范晔的《后汉书》），小说家之文（如干宝的《搜神记》、刘义庆的《世说新语》），以及一些传统的散文名篇，也从不同侧面体现了散文发展的成就。

汉赋作为汉代文学的主要形式，在艺术上取得了一定成就。在中国文学史上有一定地位，但汉代大赋也表现了不容忽视的弊病与局限。三国两晋时期，出现了不少辞赋作家和优秀作品，并且汉大赋逐渐被抒情小赋所取代，赋的骈化趋势也日渐明显。

建安时期的辞赋多为抒情小赋，题材亦渐趋日常化。曹植、王粲都是这一时期重要的辞赋作家。王粲的《登楼赋》、曹植的《洛神赋》是这一时期抒情赋的代表作，在抒情赋的发展史上占有重要的地位。

西晋太康年间，赋作颇多，以小赋为主。但多数作品因袭前人，缺乏个性；雕琢太甚，较少情趣，总体成就不高，唯潘岳、陆机、木华等人的部分赋作较有特色。

东晋辞赋又趋清新明快，最有成就的是陶渊明，其《归去来兮辞》《闲情赋》等，平淡自然，一如其诗，风格之独特为历来赋作所少见。总观三国、两晋辞赋，咏物抒情小赋占据主导地位，赋中整饬的偶句大增，辞藻渐趋华丽，骈化趋势明显，对南北朝骈体赋的产生有着直接的影响。

南北朝时期，辞赋转盛，名家名作颇多，而辞赋亦逐渐完成了其骈体化的过程。南朝赋仍以咏物抒情小赋为主。宋谢惠连的《雪赋》、谢庄的《月赋》，铺排而不堆砌，风格清新明丽，是南朝咏物赋的代表作。鲍照是宋最杰出的辞赋家，其《芜城赋》最为人传诵，是南朝抒情小赋的代表作。

齐赋作不多，较有影响的作家是谢朓。他的抒情小赋，由于声律理论的运用，在对偶精工和声律协调方面都更加留意，加速了抒情小赋的骈化进程。

梁是南朝辞赋的全盛时期。宫体诗人以同样的题材和风格来写辞赋，闲情艳语，华靡流荡，萧纲、萧绎为其代表。江淹是梁最有成就的辞赋作家，《别赋》《恨赋》最负盛名。其辞采精美，声韵和谐，用典繁密，笔墨纵横，将南朝的抒情骈体赋推向了成熟的阶段。陈赋作不多，唯徐陵的《鸳鸯赋》稍有名气。北朝辞赋虽代有所作，然而名家名作极少。

南北朝小说的发展

南北朝文学的又一个突出成就，是出现了志怪小说和志人小说。

小说一词，出于《庄子·外物》："饰小说以干县令。"这里的小说，指的是既无关道之宏旨，亦不可以经世的"琐屑之言"。到了汉代，班固《汉书·艺文志》列九流十家，小说家附于诸子之末，地位有所上升。原因在于，"小说家合丛残小语，近取譬论，以作短书，治身理家，有可观之辞"（李善注《文选》卷31引桓谭《新论》）。班固也认为"街谈巷语，道听涂说者"所造的小说，或有"一言可采"（《汉书·艺文志》）。可见汉代人是从有益于教化的角度，来认识和肯定小说的价值的。魏晋南北朝人的小说观念，大致同于汉代。例如，曹植说："街谈巷语，必有可采"（《与杨德祖书》）；刘勰说"文辞之有谐隐，譬九流之有小说；盖稗官所采，以广视听"（《文心雕龙·谐隐》）。正因如此，在史传叙事文已相当发达的时代，汉魏六朝人视小说为史家的附属，并以史家的实录原则和文学家的教化原则规范小说，大大局限了小说的虚构性、艺术性的发展，从而使小说迟迟未获独立的文学地位。

然而汉魏六朝人的小说观念，并不能涵盖小说全部的来源和内容。神话传说、诸子设譬取喻的寓言故事、先秦两汉史书中记人叙事的经典片段，无不是小说的源头。小说的内容和形式，也因此往往能逸出传统功利原则的束缚，而表现出独特的审美价值。

魏晋南北朝时期，产生了以干宝《搜神记》为代表的志怪小说。干宝搜求异同，虽然未能摆脱汉人的小说观念，自称未敢"失实"。但因当时佛道流行，直指世道人心的教化内容便不限于儒家。教化内容的扩大，使小说的采摭范围相应放宽，凡"足以发明神道之不诬"者（《搜神记序》），并皆收入，在这一时期，类似《搜神记》者，至今尚存王嘉《拾遗记》、张华《博物志》等 30 余种。

干宝（？—336 年），字令升，新蔡（今河南新蔡县）人，东晋史学家。著有《晋记》，时称良史。《搜神记》录自传闻，非作者臆造。所录不专言神道，亦有古今"非常之事"（《进搜神记表》）。《搜神记》中，有不少优美的神话故事、民间传说，如《韩凭夫妇》《董永》《嫦娥奔月》；也有揭露吏治黑暗的故事，如《范寻》《东海孝妇》《淳于伯》；也有歌颂或为父报仇，或为民除害的英雄故事，如《干将莫邪》《李寄》。通过这类故事，可见作者所言神道怪异，终究不离人间现实。《搜神记》大抵以人物为中心，故事完整，语言疏宕，是典型的史家之笔。一些篇章情节曲折，描写细致，已是较成熟的小说短篇。对唐传奇、元戏曲和宋以后的志怪小说，《搜神记》是产生过影响的。

这一时期志人小说的代表，是刘义庆的《世说新语》。刘义庆（403—444 年），彭城（今江苏徐州市）人。《世说新语》原名《世说新书》，简称《世说》，是刘义庆与其门下文士博采众书编纂而成。梁时刘孝标为之作注，引书达400余种，甚为学者所重。汉末以来，清议品评人物，流为士人风习。魏晋玄学兴起，更注重人物风神。其时，以形见神，遗形取神的美学观念兴起，臧否人物，不必全貌，而只在片言只语，一节一行。

《世说新语》尤其偏重隽言逸行，以为当时文人谈资，并供文人学习，故鲁迅说它是"一部名士底（的）教科书"（《中国小说的历史的变迁》）。由于它的作者和对象是当时的知识分子，很能表现出这类人物的人生态度和文化趣味。例如，戴安道雪夜访友，兴尽而返，并不执着于目的，是当时文人脱略行迹，注重内心体验的典型反映。

《世说新语》对于帝王，也只写其文人特性，并不看重帝王之资。例如，《言语》："简文帝入华林园，顾谓左右曰：'会心处不必在远，翳然林水，便处有濠、濮间想也，觉鸟兽禽鱼自来亲人'"；"简文崩，孝武年十余岁立，至暝不临。左右启：'依常应临'。帝曰：'哀至则哭，何常之有！'"这里写晋简文帝对自然美的领悟能力和孝武帝的哀乐任情，都是当时文人普遍的特征，帝王概不例外。

《世说新语》在写汉晋以来士人、贵族乃至君王言行的同时，客观上也能揭示出一些政治的黑暗和病态的人生，如《尤悔》记曹丕毒杀任城王；《任诞》写刘伶的纵酒放达、脱衣裸形；《汰侈》叙石崇穷奢极欲、嗜杀成性。这类描写对当时的政治、文化、风俗等各个方面也都很有认识的意义。

《世说新语》的记言记行，大抵如史传文的片段，尚未完全脱离史的地位。但其中一些片断语少意丰，隽永传神，有的如散文小品，有的如微型小说，对后世的小说和散文，都有很大的影响。

南北朝的民歌

这个时期的民歌，一为南朝乐府，一为北朝乐府。南朝乐府民歌多辑入《乐府诗集·清商曲辞》，其余则在《杂曲歌辞》中。南朝民歌可分为吴歌与西曲。吴歌曲目少而歌辞集中，今存 326 首，出于以建业为中心的江南地区；西曲曲目多而歌辞少，今存 142 首，出于荆、郢、樊、邓一带。江南好淫祀，巫觋作乐歌舞以娱神，故又有《神弦歌》。人神相恋，形似《九歌》。

南朝乐府民歌的内容与风格迥异于汉乐府民歌。原因是：第一，东晋长江中下游一带农业发达，城市经济繁荣，并逐渐形成市民的文化。当刘宋之时，"凡百户之乡，有市之邑，歌谣舞蹈，触处成群"（《南史·循吏列传》）。当时生活较为安定，礼教日益松弛，民间情歌，纯真而大胆；商人、官吏与歌儿舞女杂处，以乐歌相娱，亦多言男女之情。到齐永明年间，"都邑之盛，士女昌逸，歌声舞节，袨服华妆，桃花绿水之间，秋月春风之下，无往非适"（同上），故南方情歌，情景相谐，婉媚而清新。另外，南朝君臣苟安度日，纵情于感官享乐。采诗目的乃弃两汉的观风察俗，而唯以娱乐声色为务，爱情因此成为今存乐府民歌的唯一主题，少有汉代乐府民歌的悲苦之音。南朝君臣又多蓄养歌儿舞女，他们不但有可能对民间乐歌进行修改，而且还大力仿作。例如，《南史·羊侃传》云："侃性豪侈，善音律，自造《采莲》《棹歌》两曲，甚有新致。姬妾侍列，穷极奢靡。"

134

又《徐勉传》云："普通末，武帝自算择后宫《吴声》《西曲》女妓各一部。"梁武帝也自作乐府。今存乐府民歌中不乏露骨的色情描写，与此有很大的关系。

南朝民歌的写作技法也不同于汉代乐府。长于以委婉细腻的笔法，描写所爱者的心理活动，如《子夜歌》："夜长不得眠，明月何灼灼。想闻散唤声，虚应空中诺。"更长于情景交融，写出悠悠情思，如《子夜四时歌·秋歌》："秋风入窗里，罗帐起飘扬。仰头看明月，寄情千里光。"南朝民歌在语言上的最大特点，是利用汉语谐音的特点，以双关隐语取喻起兴，如《子夜歌》："始欲识郎时，两心望如一。理丝入残机，何悟不成匹？"同音异字如以"丝"双关"思"；同字异义如以布"匹"双关"匹"配。委婉含蓄，曲尽其妙。

《西洲曲》是南朝乐府民歌中一首最长的五言抒情诗，在《乐府诗集》中属《杂曲歌辞》。

诗歌描写一位少女在四季景物的迁移中，对远方情人的苦苦思念，几乎集中了南朝民歌所有的艺术特点，达到了南朝民歌最高的艺术境界。但总的说来，南朝乐府民歌的体制短小，情韵悠远，既是齐梁新体小诗的范本，又是唐人绝句的滥觞。

北朝乐府民歌多半辑入《乐府诗集》的"梁鼓角横吹曲"中，今存约七十首。这些民歌多数产生于五胡十六国至北魏时期，作者为鲜卑、匈奴、羌、氐、汉等各族人民。其内容与风格，与南朝民歌迥然不同。"我是虏家儿，不解汉儿歌"（《折杨柳歌》），可见这样的民歌曾用各族语言创作，后来才由通晓双方语言者译成汉语。齐梁时期，南北互通使者，交流文化，北歌为梁乐府所保存，因此被《古今乐录》称为《梁鼓角横吹曲》。横吹曲是军中马上所奏之乐，刚劲质朴，颇不同于南歌的清新婉约。

北朝乐府民歌的内容较南朝丰富。北魏乐府沿袭汉代制度，采诗以观政教得失，所采乐歌，有写社会的离乱，战争的惨烈，家庭的离析的，如《企喻歌》《隔谷歌》。有写社会贫富的对立的，如《幽州马客吟》。北歌还表现了少数民族尚武强悍的精神，如《企喻歌》《折杨柳歌》《李波小妹歌》等。

由于北方少数民族的社会组织、人文风俗原始朴野，不受礼教束缚，其爱情诗歌亦热情奔放，绝无矫饰。例如，《地驱乐歌》："驱羊入谷，白羊在前。老女不嫁，蹋地呼天！"《折杨柳枝歌》："门前一株枣，岁岁不知老。阿婆不嫁女，那得孙儿抱？"把少女渴望出嫁的心情表达得如此直露，这在礼教的社会，是不可想象的。《地驱乐歌》《侧侧力力》《折杨柳歌》《腹中愁不乐》则写热恋中的少女胸襟开朗，热烈主动，洋溢着生命的活力，这又是被礼教扭曲的女子所不可比拟的。北朝乐府民歌在艺术上的最大特点是直抒胸臆，气盛词质，快人快语。其于四、五、七言和杂言的灵活运用，也很能见出北方民族不受形式约束的自由创造精神。像《敕勒歌》那样气象苍莽的草原牧歌，虽已译为汉语，但其视野之开阔，吐辞之刚健，仍然不失北方民族之特色，其生活情调也是和南方民歌大不相同的。

《木兰诗》是北朝唯一的长篇叙事诗。由于代父从军的主人公是一位闺中少女，"事奇语奇"（《古诗源》），很有传奇的色彩。

《木兰诗》是一篇叙事作品，反映了北方民族间战争的现实生活。这里摘录的是诗的后半段。作者以乐观的态度和赞叹的笔调写出木兰的慷慨从戎，为国效力以及功成不受封赏的事迹与精神，且以活泼、幽默的语言写出木兰为父亲分忧，重着女装的喜悦以及面对战友时的调皮，从而创造出一位天真妩媚、勇敢高尚的丰满的女性形象。这在古代的民歌中，是不可多得的。

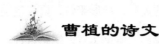

曹植的诗文

韩愈有"不平则鸣"之说，欧阳修有"诗穷而后工"之论，都认为社会不公、人生不幸往往成就一些大文人的文学成就。曹植的情况也证明这一点。他的文学精品绝大部分都是后期的。

曹植的文学成就极高，著述为建安文人之最，他生前自编作品选《前录》，收七十八篇。死后曹叡曾为他集录作品一百余篇。《隋书·经籍志》著录有集三十卷，其数量是最多的。在质量上，曹植的诗、赋在当时都达到艺术的巅峰，《洛神赋》千古流传，《白马篇》《赠白马王彪》是五言诗中的精品，为曹植确定了极高的文学地位。

先说《洛神赋》，关于此赋的写作背景和创作动机，历来有不同的说法。或云曹植当年曾特别喜欢甄氏，而甄氏也爱恋曹植。但甄氏先成为曹丕的夫人，是曹植的嫂子，曹丕称帝而曹植遭受贬谪。后来甄氏被赐死，曹植对于甄氏非常怀念，恋恋不舍，在其后再从京师返回途中经过洛水时，便假托洛神而抒发对甄氏刻骨铭心的爱恋之情，所以又称《感甄赋》。此事之真实程度难以断言，但有一点是肯定的，即曹植在此赋中刻意描写的洛神形象一定有一个生活原型。我们还是欣赏一下那段描绘洛神最精彩的语言吧！

"其形也，翩若惊鸿，婉若游龙，荣曜秋菊，华茂春松。仿佛兮若轻云之蔽月，飘飖兮若流风之回雪。远而望之，皎若太阳升朝霞，迫而察之，灼若芙蕖出绿波。秾纤得衷，修短合度。肩若削成，腰如约素。延颈秀项，皓质呈露。芳泽无加，铅华弗御。云髻峨峨，修眉联娟。丹唇外朗，皓齿内鲜，明眸善睐"。

这段文字描绘洛神的美貌，神形兼备，语言生动鲜活，色彩艳丽。在描绘洛神行走时的神态时说："体迅飞凫，飘忽若神。凌波微步，罗袜生尘。"这几句成为后世形容女子美貌最长引用的词语，可见其艺术魅力之大。

《白马篇》是曹植的早期作品，表现出少年勇武、英勇杀敌、舍身报国的英雄主义和爱国主义精神。流传较广，诗不长，故全录下：

白马饰金羁，连翩西北驰。借问谁家子，幽并游侠儿。少小去乡邑，扬声沙漠垂。宿昔秉良弓，楛矢何参差。控弦破左的，右发摧月支。仰手接飞猱，俯身散马蹄。狡捷过猴猿，勇剽若豹螭。边城多警急，虏骑数迁移。羽檄从北来，厉马登高堤。长驱蹈匈奴，左顾凌鲜卑。弃身锋刃端，性命安可怀？父母且不顾，何言子与妻。名编壮士籍，不得中顾私。捐躯赴国难，视死忽如归。

这是曹植早年的作品，把侠义精神和爱国主义精神结合起来，具有鼓舞人心的作用。洋溢着奋发向上的气息。而《赠白马王彪》则风格大变，感情极其压抑或愤懑，艺术表现也出现很大转变。全诗采用章章蝉联、层层递进的结构方式，情景交融，抒发了遭受迫害的极端愤慨和痛苦的心情。我们阅读一下面的文字，全诗的悲愤心情就可以体会出来了。

修坂造云日，我马玄以黄。玄黄犹能进，我思郁以纡。郁纡将何念？亲爱在离居。本图相与偕，中更不克俱。鸱枭鸣衡轭，豺狼当路衢。苍蝇间白黑，谗巧令亲疏。欲还绝无蹊，揽辔止踟蹰。

踟蹰亦何留？相思无终极。秋风发微凉，寒蝉鸣我侧。原野何萧条，白日忽西匿。归鸟赴乔林，翩翩厉羽翼。孤兽走索群，衔草不遑食。感物伤我怀，抚心长太息。

凄凉萧条的秋景，哀鸣孤独或残忍的野兽构成一幅恐怖阴冷的艺术画面，烘托出曹植当时的悲苦心境。另外，本诗采用辘轳体的修辞手法使前后章首尾蝉联起来，内容上前后紧密承接，形式上造成一种连环的感觉，给人以一唱三叹的缠绵悱恻的艺术效果。

曹植的诗歌在南北朝时期备受推崇，钟嵘在《诗品》中评价说"骨气奇高，词采华茂。情兼雅怨，体被文质"，并说自己"抱篇章而景慕，映余辉而自烛"，可见其景仰的程度。曹植对于五言诗的发展有巨大贡献，他是中国文学史上第一位大力写作五言诗的文人。在其现存的九十多篇诗歌中，有六十多首五言诗。而且在他的诗歌中，既有《诗经》"哀而不伤"的朴实庄重，也有屈原作品那种深沉婉转和幽怨；而且也继承汉乐府反映现实的传统和《古诗十九首》凄婉悲伤的情调，可谓对前此各种诗歌风格的集大成者，这对于魏晋时期五言诗迅速发展起了重要的作用。

 世情小说鼻祖：《世说新语》

刘义庆在南朝刘宋王朝宗室中是位少有的贤王，他本来是武帝刘裕二弟刘道怜的次子。但因刘裕特别器重的幼弟临川王刘道规没有儿子，便把

刘义庆过继给他。这对于刘义庆倒非常有利。因为刘义庆生父刘道怜平庸无能，刘裕并不看重，在刘裕创建天下的过程中也没什么建树，而刘道规少有大志，颇受刘裕喜欢，在刘裕和桓玄决战中，刘道规起了关键作用。这一战是刘裕站稳脚跟最终登基的关键，因此刘裕封刘道规为振武将军、义昌太守。刘裕曾把自己的次子刘义隆过继给刘道规。后来刘道规死，刘裕登基，刘义隆又回到刘裕门下，刘裕这才将刘义庆过继给刘道规，袭封临川王之位。

刘义庆自幼聪明，深受武帝刘裕器重。武帝曾拍刘义庆脑袋夸奖说："这是我家的丰城宝剑!"意思是宋家的宝贝。13岁封南郡公，18岁袭封临川王，为侍中。武帝死后，继位的太子刘义符当皇帝一年多便被大臣杀害，刘义隆登基。这对于刘义庆更加有利。刘义庆看到宗室内部争夺帝位的斗争极其激烈，便自动避嫌，要求离开朝廷。被派往荆州。在荆州，他礼贤下士，招募文士，当时著名文人如袁淑、陆展、何长瑜、鲍照等多聚集到他的门下。刘义庆为人简朴谦逊，这在当时崇尚奢侈的时代非常难得。但他晚年热心佛教，为此花费大量金钱，有累清德。刘义庆很迷信，在广陵（今江苏扬州）时，不幸患病，恰好此时白虹贯城，野鹿入府，他感觉是不祥之兆，十分恐惧，要求返回。刘义隆答应了。回到京师后不久，在元嘉二十一年（444年）病死，42岁。

据《宋书·刘道规传》载，刘义庆有《徐州先贤传》十卷、《典叙》《集林》二百卷、《世说新语》十卷。除《世说新语》流传下来外，其余都散佚了。关于《世说新语》是否刘义庆所著问题，鲁迅先生在《中国小说史略》中推断说："然《世说》文字，间或与裴郭二家书所记相同，殆亦犹《幽明录》《宣验记》然，乃纂缉旧文，非由自造。《宋书》言义庆才词不多，而召集文学之士，远近必至，则诸书或成于众手，未可知也。"鲁迅先生的推断可信，基本可以确定，该书是刘义庆组织人集体编撰的。

《世说新语》最早的注者是刘孝标，其注解学术价值很高。现代善本当首推中华书局版的余嘉锡《世说新语笺疏》。该书共分36门，即按照人物的言行、品格等分类，以类相从。该书主要内容是记录魏晋名士清谈、饮酒、任诞等传闻逸事，是赞颂名士风流的故事集。所谓风流，是一种人格之美，按照冯友兰先生的说法，真正的风流需要具备四个条件：玄心、洞见、妙赏、深情。所谓玄心，指超脱功利世俗之心而追求适意真实的生活，是一种审美的人生。清谈便是表现理性思维的高度，而饮酒和任诞是用自然真情来对抗虚伪名教的方式。

如果从社会生活实际出发来进行考察，可以说《世说新语》所标榜的名士风流起源于汉末以来的人物品藻，而人物品藻的根源则与当时的政治选举制度有关系。汉代没有科举制度，选拔官吏主要通过"察举"和"征辟"两途。而这都要求对于地方人物进行考察评议。于是人物的社会声誉便成为进身官场的重要方面。这种状况促使人们迫切希望自己得到外界较高的评价。到魏晋时期，品藻人物的角度悄悄变化，由政治性人物品藻转变为审美性人格品藻。清谈之风便与这种风气相互作用。

清谈玄理是在追求一种心灵的美、哲学的美、神韵的美，追求超越世俗物质利益和世俗功名以上的生命价值和人格的永恒。这种人生理想为后世知识分子提供了精神生活的家园和典范，因此深受后人的喜欢。这便是《世说新语》之所以流传千古的内在原因。

鲁迅先生评价《世说新语》说："记言则玄远冷隽，记行则高简瑰奇。"该书以及刘孝标注共涉及各种人物一千五百多人，魏晋两朝的主要人物绝大部分被囊括其中，可谓各类历史名人的言行记录集成。而且语言简洁明快，人物鲜活，隽永传神，具有小说因素，成为世情小说的鼻祖。其后，模仿作品屡见不鲜，也为后世小说戏曲提供了素材。

"建安风骨"的继承者：左思

  有的文学家，从小聪慧过人，才思敏捷，被人誉为奇才、神童；有的文学家，少时语不惊人，行同凡响，好像智慧之神的灵光照射不到他们身上。西晋著名文学家左思的孩提时代，便属于后一种情形。

  左思，字太冲，晋代临淄（今山东临淄）人。小时候，他没能赢得父母的欢心，也得不到邻居的喜爱。看模样，不仅是其貌不扬，甚至连端正也说不上；论口才，言语迟钝；说学识，极为平常。他拨弄过一段时间的乐器，可终于一样也没能成功。看来，如果不是天生的低能儿，那他的天赋和才能也只能是这样平庸无奇。以至于父亲曾经摇头叹气地对朋友们说："他的学识，不如我少年的时候。"这话不知怎么传到了左思的耳朵里。听父亲这样说，他心里很难受，先天对他没有优厚，后天对他也并不爱抚。好些天，他都像大人一样陷入了沉思。他在盘算，应该怎样设计自己；他在计划，重新把生活安排一下。

  他走上了自己选定的路子。像关小鸟一样，他把自己关在屋子里，拼命地读书，勤奋地作文。凡是能到手的书籍，他都爱不释手，不捧读完就不吃饭不睡觉。他和妹妹左芬一起学写诗，学作文，生活过得既充实又愉快。他充满了年轻人的热情和自信，即使自己天生愚笨，他相信也能够通过努力，让脑筋开窍，成为一个有学问的人。

  功夫不负苦心人。"弱冠弄柔翰，卓荦观群书"，20岁的左思已经博学能文，才学出众了。"著论准过秦，作赋拟子虚"，左思著论作赋，皆以名家名篇为楷模。他对班固的《两都赋》、张衡的《二京赋》，从头至尾不知读了多少遍。他钦佩大师们的手笔。那典雅的文字，写尽了京都的富丽堂皇。但这两篇赋中，对京都的物产、建置的记述，对京都的景物的描写不免有虚夸失实之词。左思觉得，真实生动地介绍名都大邑，对后代的读者无疑会是一部很有价值的文献资料。他想起了三国时的

左思像

蜀都、吴都、魏都，心里萌发起一个愿望，想把它们写下来，合称《三都赋》。在写作中，写景状物，必须有根有据，决不能有虚构夸大之辞。

正当他跃跃欲试的时候，他的妹妹左芬因才学出名被选入皇宫为贵嫔。左思也把家从临淄搬到京城洛阳。喧闹的京都生活对他没有一点吸引力。搬来这里，完全是为写作着想，稍作安顿，他就潜心于自己的计划，积极地着手写作。

动笔之前，他四处奔走，八方询问，一星半点资料，也不惜跑上一天半日，直到得来为止。构思之中，他闭门谢客，天刚亮就起床翻阅资料，晚上夜深人静，洛阳城的人都入了梦乡，他还在伏案苦思。写作起来，他更是专心致志。据说，有一次吃饭时，由于凝眉苦思，竟错把毛笔当成筷子，等到拿入口中，才觉得别是一番怪味，此时，已弄得满嘴黑污，家里人见了捧腹大笑，他自己也忍不住笑了起来。为了随时捕捉诗句，他在院子里、大门边，甚至厕所外面都搁置着纸笔墨砚，得来一句，即刻写上。在修改中，他一边诵读，一边推敲，常常是划了又改，改了又删，直到满意为止。就这

样，他花了十年的功夫，《三都赋》终于写成了。这时，左思已经从青年时代进入了中年。

捧读这部浸透了自己心血的著作，左思有说不出的欣喜。他不是一个自傲的人，可这时，他确信这部著作不亚于前人的京都赋。这部《三都赋》，分赋三国的地理风光，其中写到的山川城邑、鸟兽花木、风谣歌舞等，无不都是依据地图、方志，以及各种风俗习惯而加以考订的。但是，这部书能否得到世人的承认呢？

那些峨冠博带的文人们听说《三都赋》出自一个不知名的人之手，都对《三都赋》报以白眼。更有甚者，吹毛求疵，将此书说得一钱不值。但张华、皇甫谧等几个名士看后，却连声赞好。名人言贵，古今皆然。几乎被打入冷宫的《三都赋》顿时身价百倍，一时间被人们争相传抄。由于抢着抄写的人越来越多，竟使洛阳城的纸张都越卖越贵了，流传至今的成语"洛阳纸贵"，便证实了当时的盛况。

尽管《三都赋》风行一时，左思也因此而得以出名，但并没有给他开辟仕进的道路。在那个社会，并不全是凭才学吃饭的，除了有学识，还得出身高贵，否则只能屈居下位，永无富贵的希望。而高门士族的子弟，才能低劣，却能窃居高位，享尽人间的荣华富贵。左思在写《三都赋》时，觉得自己藏书不够，资料有限，曾请求朝廷准许他当秘书郎。由于他出身寒门，父亲只当过小官，在当时那种以门阀势力取仕的社会里，他受别人轻视和压制，仕进如蜀道之难，所以，他只做到秘书郎那样的小官。世态炎凉，人间不平的现实，使他有了清醒的认识。诗言志，借古抒怀，他的笔转向了诗歌。代表他最高成就的《咏史诗》应运而生了。

《咏史诗》一共有八首。是咏史，实际上是借古人古事来抒写自己的抱负，批评当时的社会，对门阀制度的愤恨，力透纸背，使我们看到了一个有志气、有作为，不畏权势，蔑视达官贵人，但愿意立功、立言的封建社会知识分子的形象。

刘勰在《文心雕龙》里称左思："业深覃思，尽锐于三都，拔萃于《咏史》。"左思的《三都赋》虽是精心之作，并曾名动一时，但基本上是走汉代大赋的老路；而他的诗作虽不太多，却已足见他志高才雄，胸怀旷达，富有反抗精神。尤其是他的《咏史八首》，更是笔力矫健，风格雄浑，情调高亢，语言刚劲，高出于当时其他诗人。因此，钟嵘的《诗品》称之为"左思风力"，这乃是"建安风骨"的继承和发扬。

 ## 恬淡的田园诗人——陶渊明

在中国古典诗歌中，有一种以自然景物和农村生活为题材的诗，这种诗，人们把它叫作田园诗。田园诗发展到唐代，形成了田园山水诗派。但是，这种田园诗体的创始人却是东晋末年的陶渊明。也正因为这样，陶渊明被称为最早的"田园诗人"。

陶渊明，又名潜，字元亮，浔阳柴桑（今江西九江西南）人。他出生在晋哀帝兴宁三年（365 年），卒于南朝宋元嘉四年（427 年），死后世人尊称为"靖节先生"。

陶渊明的曾祖父陶侃，官至大司马，封长沙郡公。据说陶侃为了锻炼意志，锻炼身体，曾经每天搬运一百块砖，早晨从室内搬到室外，晚上又从室外搬进室内，这就是一直传为佳话的"陶侃运砖"的故事。陶侃的确是一个能干而有作为的人，是东晋前期著名的功臣。陶渊明的祖父陶茂作过武昌太守，父亲陶逸作过安城太守。不幸的是，他8岁就死了父亲，12岁又死了母亲。家庭从此便开始破落了，以至连生活都十分艰难。

家境衰落，生活贫寒，这对陶渊明的成长是不利的。但困难也能使人发愤，少年时代的陶渊明就博览群书，努力学习。当时江州一带"经学"盛行，陶渊明也受到影响。在他后来所作的《饮酒》诗中，他说自己："少年罕人事，游好在六经。"由此可见他对经学兴趣很浓。他年少时就有了"济世救民"的志向，对传说中的"尧舜圣世"非常向往。他有一番雄心壮志，很希望自己能为社会建功立业。但是，那时正是门阀制度的极盛时期，东晋王朝政治上腐败不堪，很多有真才实学的人遭到压抑。家世已经没落的陶渊明，自然是得不到社会重视的。

太元十八年（393年），陶渊明29岁，这时才由别人推荐出任江州祭酒，但不久就因为难以忍受仕途的污浊而辞官归去。从那以后，他迫于生计又任过参军之类的的官职。由于抱负无法施展，仍不免常有失意之感。直到41岁时，他在亲友的劝告下担任了彭泽令，那是晋安帝义熙元年。有一天，忽然得到通知，说郡里要派督邮到彭泽来。县衙门里有一个小吏，劝陶渊明要认真准备，束带恭迎，以示敬意。小吏满以为陶渊明一定会这样做，不料陶渊明却说："我不能为五斗米折腰向乡里小人！"并且当天就脱下官服，交出官印，走出衙门，回老家去了。回家以后还写了著名的《归去来辞》，表现他对仕宦生活的鄙弃，对重获自由的喜悦，对农村景物和劳动生活的热爱。陶渊明只做了八十多天的彭泽令就辞官归隐了。他干了一件很有骨气的事。他"不为五斗米折腰"的精神，长期以来一直为人们所称道。

陶渊明是我国古代一位伟大的诗人，他的诗多半是在他归隐田园后写的。他很多诗批判了当时社会政治的腐败，抒发了他的理想和抱负。由于他退隐后亲自参加劳动，接近了下层劳动人民，他写出了不少歌颂、赞美人民淳朴生活的田园诗，为人们广泛传诵。现存诗有一百二十多首，具有丰富的内容和感人的艺术力量。

陶渊明在文学上做出了显著的贡献，然而，他晚年的生活却十分贫困。尽管如此，他人穷志不移。有一次，江州刺史来到陶渊明家，劝他出去做官，还送给他一些粮食和肉。这时他家里正很困难，连吃饭都成问题。但他仍婉言拒绝了对方的劝告，送的东西也一点没有收下。他蔑视功名富贵，保持了自己的晚节。

元嘉四年（427年），陶渊明63岁，这时他的身体越来越不行了。贫病交加，他面临着巨大的险境。这年九月，他写下了《挽歌诗》三首。其中有一首的最末两句是："死去何所道，托体同山阿。"表现了诗人视死如归、矢志不渝的可贵品格。两个月后，他就逝世了。

陶渊明的一生是不平常的。他的有些作品虽然宣扬了"人生无常""乐天安命"的消极思想，应该予以指出，他在文学上的成就却是很大的，对后世的影响也是相当深远的。只是在当时，他的作品因与贵族文坛的普遍倾向不合，所以他才不被重视。从思想内容来说，陶渊明诗文中进步的思想内容和当时文坛上世俗的观念是背道而驰的，一些文人并不理解他作品的社会价值；从艺术风格来说，他的淳朴淡泊的田园风光也不合贵族们的欣赏口味。陶渊明在南朝文坛不引人注意，这是毫不奇怪的。到了梁陈时期，钟嵘和萧统开始重视他了，但钟嵘的《诗品》也仅仅把他列在"中品"，萧统在《文选》中选录他的作品也很少。直到唐代，陶渊明作品的价值才真正被人们所认识。他的诗文得到传抄、补辑和注释，赢得了人们的喜爱供人们研究。伟大诗人李白、杜甫、白居易都曾写下热情赞颂陶渊明的诗句，对他做了很高的评价。在宋代，文学家苏轼、诗人陆游都酷爱陶渊明，并直接受到他的影响。元代以后，陶渊明为更多的人所认识，他作品的影响也更广泛。这个伟大的诗人终于在中国文学史上占据了重要的地位。

陈寿撰成《三国志》

太康六年（285 年），陈寿撰成《三国志》。

《三国志》是纪传体三国史。共 65 卷，分魏、蜀、吴在志。其中《魏志》30 卷、《蜀志》15 卷，《吴志》20 卷。只有纪、传而无表、志。《魏志》前四卷称纪，《蜀志》《吴志》有传无纪。

陈寿（233—297），字承祚。西晋巴西安汉（今四川南充北）人。少好学，曾受教于谯周，蜀汉时历任卫将军主簿、东观秘书郎、散骑黄门侍郎。入晋后，历任著作郎、治书侍御史等。太康元年（280 年）晋灭吴后，他搜集魏、蜀、吴史料，终于撰成《三国志》65 卷。

《三国志》以曹魏为正统，《魏志》列于全书之首，对魏的君主称帝，叙入纪中；而对吴蜀则称主不称帝，叙入传中。在陈寿撰《三国志》之前，魏、吴两国先已有史，官修的有晋王沈《魏书》、吴韦昭《吴书》，私修的有魏鱼豢《魏略》，它们皆成为陈寿《三国志》中魏、吴两志的基本资料。蜀国无史，但陈寿本为蜀人，又受教于史学家谯周，因而其自采资料而成蜀志亦不逊于魏、吴两志。三志本独立，后世才合为一书，综合三国史事为一编，则自《三国志》始。在中国古代纪传体正史中，《三国志》与《史记》《汉书》和《后汉书》并称为前四史。

《三国志》取材严谨，文笔精练，记事比较真实。凡三国时期在政治、经济、军事上有关系的人物，以及在学术思想、文学艺术、科学技术上有

贡献的人物，书中都有所记载。此外，也记录了国内少数民族以及邻国的历史。但记载过于简略，对一些重要的历史事件和人物事迹，语而不详，甚至遗漏。另外，《三国志》没有关于典章制度等方面的志，是一大缺憾。

由于《三国志》叙事较为简略，南朝宋文帝命裴松之作补注。裴松之广搜资料，引用之书多达200余种，终于元嘉六年（429年）撰成《三国志注》，其主要价值在于提供了大量资料，使史事更加详明，以补《三国志》之不足。因此，对于研究三国时代史事，《三国志注》的重要性和价值可与《三国志》相媲美。

 扩展阅读　建安七子

"建安七子"又号"邺中七子"，是指东汉末年汉献帝年间的七位文学家：孔融、陈琳、王粲、徐干、阮瑀、应玚、刘桢。同时代曹丕的《典论·论文》首次将他们相提并论，七子与"三曹"往往被视作三国时期文学成就的代表。

"建安七子"与"三曹"构成建安作家的主力，对诗、赋、散文的发展，都曾做过贡献。王粲在诗赋上的成就高于其他六人。刘勰《文心雕龙·才略》提到："仲宣溢才，捷而能密，文多兼善，辞少瑕累，摘其诗赋，则七子之冠冕乎。"王粲的哀思最能表现在作品上，其代表就是《七哀诗》与《登楼赋》。最能代表建安文学的精神。王粲《七哀诗》吟道："出门无所见，白骨蔽平原。路有饥妇人，抱子弃草间。"把在乱世的经历见闻，融入作品之中，留下了最真实的记录。

七人当中，除孔融外，其他六人都依附曹操父子旗下。建安二十二年

（217年）冬天，北方发生疫病，当时为魏世子的曹丕在第二年给吴质的信中说："亲故多罗其灾，徐、陈、应、刘一时俱逝。"除孔融、阮瑀早死外，建安七子之中剩余的五人竟然全部死于这次传染病。曹植《说疫气》描述当时疫病流行的惨状说："建安二十二年，疠气流行，家家有僵尸之痛，室室有号泣之哀。或阖门而殪，或覆族而丧。"

第八章

百戏杂技
——民族交融中的技艺创新

在魏晋南北朝三百多年里，除西晋初期有过短暂的统一外，其余时期都是处于分裂和战乱之中。在这样的背景之下，民间表演艺术遭到了一定程度的破坏，前一时期已经出现的戏剧雏形向戏曲转化的进程也是极为缓慢。

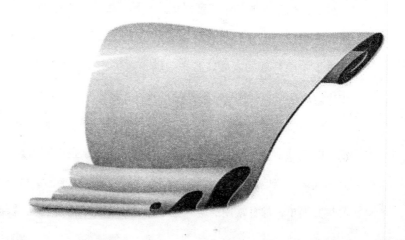

魏晋南北朝杂艺

东汉末年，阉党掌权，把持朝政，政治腐败，以致社会动荡，民不聊生。自184年黄巾起义以来，汉代江山一直处于风雨飘摇的状态。从总体上看，这一时期杂技没有太大进步。但这一时期继承了汉代百戏，并吸收了西域杂技特色，为隋朝时期宫廷杂技的完全成熟奠定了基础。

杂技在这一时期经历了动乱纷争的考验，表现出了顽强的生命力。杂技之所以能够在如此的环境中生存，有历史的原因，也是其自身特点决定的。

265年，司马炎建立晋朝，史称"西晋"，西晋汇集了三国的乐舞及杂技人才。据史料记载，280年，晋灭吴后，司马炎从吴宫中带5000多名女伎北上，使西晋王朝后宫伎女达到10000多人，可见其规模之大。这对当时的杂技发展起了重要作用。东晋时，南北对峙，出现了不同的艺术特色。这一时期，社会更加动荡，朝廷更迭频繁。最值得一提的是这一时期少数民族入主中原。于是匈奴、鲜卑族的马上技术及西域的乐舞逐渐传入中原，促进了中原马戏的发展，各种边疆少数民族技艺均与中原杂技技艺融合，中原杂技在继承汉代百戏的基础上兼容并包。

三国两晋南北朝时期，杂技能够保持和发展还根源于杂技自身的特点。汉末时期，杂技就逐渐向民间发展。在民间，杂技更突出表现为流动作艺，其形式多样，地点不限，随便一个街头就可以当场学艺。另外，杂技所需道具极其简单，像日常用的碗、盘等，均可以作为杂技道具。杂技也不受语言限制，即使语言不通，观众也能看懂，这就使杂技有了更广阔的市场。

这一时期朝廷更迭频繁，社会动荡不安。受其影响，杂技也呈现明显的时代特征。在这一特殊的时代背景下，各民族之间交流频繁，促进了杂技艺术的不断融合，在继承汉百戏的基础上，又出现了一些新节目。在十六国时期的"齿上橦"技艺即是西北羯族的表演方法。表演者用头顶着载有两个人的长竿，一会儿又将长竿由头转到牙齿上。这种表演体现了力量之美。到南北朝时期，交流更加频繁。许多西域人在中原定居，北周武帝娶突厥公主阿史那氏为后，更促进了双方的交流。而最能表现杂技融合的是《西凉乐》。

《西凉乐》是西域的乐舞传到河西走廊，与当地乐舞进行结合，并经过中原杂技艺术的改造才形成的。

这一时期的杂技还呈现南北风格迥异的特点。三国两晋南北朝只有西晋经历了短暂的统一时期，长期的南北割据局面，特别是东晋之后长达260多年的对峙，促成了南北杂技风格的不同发展方向。北方杂技多有雄浑、伟健之风。杂技项目多有惊险类、宏伟壮阔类节目。而南方杂技技艺则不同，南方本身是汉族政权，受孔子儒学影响很深，后来老庄之学又很盛行，逐渐养成了纤细清新的艺术风格，更注重表现意境。

东汉时印度佛教传入中国，到南北朝时期已相当繁荣。在皇室影响下，各地不断地兴建佛寺、庙宇，庙会也非常盛行。庙会的组织人员常常请一些杂技艺人前来表演，以增添热闹气氛，从而大大促进了民间杂技艺术的发展。

马戏、动物戏发展到汉朝，已经相当兴盛，到了三国两晋南北朝时期，马戏、动物戏受到社会的影响发展较慢，但也并非停滞不前，而是在汉朝时期的基础上略有发展，特别是马戏，取得了一定的成就。

因为这一时期，社会动荡，战争频繁，所以各朝各代都特别重视骑术，特别是北方王朝。有时，朝野上下均以骑马射箭为能事。史书记载魏文帝曹丕的妻子甄后8岁时就表演马戏，当时甄后在其家门口表演"立骑马戏"，引得家中的姐姐们都上阁楼观看。由此可见，当时马戏在民间的盛行。曹植的《名都篇》中也记载了当时贵族子弟们骑马打猎或打马球的情形。魏武帝曹操也曾"于马上舞三巴"。这些都表明了当时马戏的兴盛，而"猿骑"表现尤为突出。

一些史料中记载了"猿骑"的具体情形：表演者模仿猕猴的形态在奔跑的马上行走，有时在马头，有时在马尾。有表演者立在马上，屈一只脚书写，且字字工整。有表演者模仿猕猴形态，有时在马头、马尾，有时在镫里藏身。这些表演是由西北羯族传入中原的。马上站立已相当不容易，还要来个镫里藏身更加困难，特别是"立书"，动作难度更大，需要有超人的平衡能力。

除马戏外，这一时期动物戏也有一定的成就，较有名的有吴国的驯象、东晋时的猴戏。

吴国时期，孙权特别喜欢驯象，陈寿在其《三国志》中就写"（孙权）出祖道，作乐舞象"。孙权也把大象作为礼品，三国时候"曹冲称象"中的"象"，就是孙权送给曹操的，孙权还认为大象能够担当宫廷表演的重任。

东晋时期，猴戏非常流行，有学者将猴戏上演前化装、出场后表演的过程记录下来，称那猴子"既似老公，又类胡女"。将猴戏的表演写得淋漓尽致，可见当时驯兽水平的高超。

此外，这时的驯狗技术也非常有名。史书中就记载了一则故事。文学家陆机有一条骏犬，叫作黄耳，陆机对其说话，黄耳竟能"摇尾作声"，而且还能为陆机传递书信。若不是经过特殊训练，恐怕黄耳跟平常的狗也无太大区别。

知识链接

六乐

六乐，也称六代乐舞，即原始氏族社会传为黄帝之乐的《云门》、传为帝尧的《咸池》、传为帝舜之乐的《韶》和奴隶社会禹的《夏》、商汤的《濩》、周武王的《武》。周代制定礼乐，六代乐舞用于郊庙祭祀。以《云门》用于祭天、《大咸》用于祭地、《大韶》用于祭四望、《大夏》用于祭山川、《大濩》用于享先妣、《大武》用于享先祖。

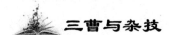 三曹与杂技

东汉末年，黄巾起义爆发，社会急剧动荡。一时间，诸侯蜂起，烽烟不断。魏、蜀、吴三国鼎立的格局出现后，人民暂时有了一个修养生息的机会。

曹魏雄据北方。曾为百戏摇篮的两京：长安、洛阳，均在其彀中。一度在战火中稳迹的杂技艺术，随社会局势趋于稳定，开始复苏。

这一时期的文化领域，一反两汉时期的传统，没有多少束缚。为开创"建安文学"做出重要贡献的三曹父子，在艺术爱好上，同样显示了他们鲜明的个性。他们地位显赫，举足轻重，自然会影响到当时艺术的存在与发展，对杂技艺术亦然。

曹操学识渊博，集政治家、军事家、文学家于一身，对百戏杂技也颇有偏爱。《魏略》中说："孔桂，字叔林。性便妍，好蹴鞠。故太祖（曹操）爱之，每在左右"。

据《后汉书·左慈传》中载："左慈、字元放，庐江人也。少有神通，尝在曹公座，公笑顾众宾曰：'今日高会，珍羞略备。所少者，吴松江鲈鱼为脍。'放云：'此易得耳。'因求铜盘，贮水，以竹竿饵钓于盘中。须臾，引一鲈鱼出。公大拊掌，会者皆惊。公曰：'一鱼不周坐客，得两为佳。'放乃复饵钓之。须臾，引出，皆三尺余，生鲜可爱。公便自前脍之，周赐座席。"

从这段记述，可以看出，左慈的几次表演都是曹操主动引发的。表演之间，他不仅为之"大拊掌"，拍案叫好，而且还亲下厨为来宾做鱼脍。可见其兴致是何等之高。至于后来，发生众所周知的"左慈戏曹"的故事，那也多半出于统治与反统治的政治原因，与曹操的爱好是两回事了。

曹操在统一北方的过程中，对恢复百戏杂技艺术起过重要作用。《记纂渊海》中说他"增修杂戏""以备百戏"。

曹操"增修杂戏"的过程，也就是整理、继承、发展杂技艺术的过程。他于戎马倥偬之中，整杂戏理于纷乱，备百戏娱于民生，对于保存秦汉以来的传统文化，当是颇有功绩的。

汉献帝延康元年一月，曹操在洛阳病死，魏王太子曹丕袭位。十月，曹丕逼献帝禅让，取而代之，是为魏文帝。

曹丕受禅之前，返归故里谯郡，于八月八日，举行了一次盛大的宴乐百戏演出。

曹丕作为当时的文坛领袖、"建安七子"的朋友，在为王粲送葬的此时此刻，除了选择学"驴鸣"这样一种形似荒诞而实含深情的方式，的确也再没有更好的手段，能用来为挚友送行了。这无疑是中技。

"三曹"中的曹植，以诗才名重当时。由于他一生郁郁不得志，其诗，尤其是赋，多以抒发个人情怀为主。其中就有不少关于百戏杂技的词句。例如，"斗鸡东郊道，走马长楸间""连翩击鞠壤，巧捷惟万端"（《名都篇》），"阳阿奏奇舞，京洛出名讴"（《箜篌引》），"仰手接飞猱，俯身散马蹄。狡捷过猴猿，勇剽若豹螭"（《白马篇》），等等。这些咏诵自然产出于他自身的经历。由此可以推想出，他所接触的那一个社会阶层的爱好与趣味。

曹植本人，是个能文能武的多面手。据说，他不仅能作胡舞，善弄乐，会击剑，还是个"跳丸"的行家。如此一个才华横溢之奇才，只因生在帝王家，便始终受到猜忌与限制，以至襟怀压抑，年仅40岁，即了却终生。

继"三曹"之后，魏明帝曹叡对当时的百戏发展也颇有些建树。曹魏代汉，一切自视为正统。为此，曹叡也大兴土木，效仿汉武兴建平乐观之故事，建造了一个以表演百戏乐舞为主的大型场所。

曹叡喜爱百戏，就有人献上一套载有各种百戏杂技表演造型的雕塑。曹叡观罢，见其制作精巧，很是喜爱，只叹它们是些死物，联想到博士马钧巧思绝世，便让他设法使它们动起来。

曹氏父子历经百战，统一北方。他们不仅开创了流芳千古的"建安文学"，也为恢复与继承汉代的百戏杂技文化做出了重要贡献。汉末民间杂技经过多年战乱，也进一步锤炼了自身的生存能力，从而能够更为从容地面对两晋、南北朝社会倏分倏合的考验。

知识链接

马钧的水力百戏造型

马钧把水作为转动的原动力，并根据各种百戏表演的造型，做成四肢可以活动的木偶人，把它们与下面的靠水来驱动的机械连接起来。水冲动机械，机械又带动木人。这样，雕塑就活动起来了。史书上说，马钧的"水转百戏"，可以"至令木人击鼓、吹箫、作山岳，使木人跳丸、掷剑、缘桓、倒立、出入自在；百官行署，春磨斗鸡，变巧百端"。这表明，汉魏时期，我国木偶杂戏已具有了一定的规模。

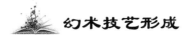

幻术技艺形成

在杂技节目中，幻术节目出现的时间较晚，发展也相对缓慢。直到汉代，才出现了具有一定水平和规模的"鱼龙曼衍"。汉代的其他幻术技艺规模都较小，水平也较低，到了三国两晋南北朝时期，幻术有了很大发展，这很大程度上归功于西域杂技的传入。

种瓜术是幻术节目中的传统节目，它在西汉时期从西域传入。到三国时期已经传入吴国。干宝《搜神记》中讲述：吴国有一个叫徐光的人，经常在街市中表演节目。一个仆人向主人要瓜，主人不给，仆人便就地种瓜。不久，长出了蔓，并开花结果，后来仆人将瓜送给了观众。这是继承了汉朝的种瓜术发展而来的，为唐朝种瓜术打下了基础。

"剑""丹"成术，与道家的炼丹术有密切关系，特别是与许逊这位道教奉为许真君的人物的影响有关。

许逊（239—374 年）字敬之。晋南昌府西山人。青年时学道于吴猛，后举孝廉，入蜀任旌阳县（今湖北枝江县北）令。据说政绩卓著，吏民悦服。晋室腐败，他预感到大乱将至，辞官东归，浪迹江湖，后归隐西山学道，首倡内丹修炼之说，并且以剑喻丹，著有《剑灵子》《灵剑子引导子午记》《净明宗教录》等书。他传道施医，成为道教重要人物，宋徽宗封其为"神功妙济真君"，故而他又称许真君或许旌阳，在道教和气功文化史上有着重要地位。他也间接影响了杂技艺术"剑、丹、豆、环"系列的形成。

所谓"丹者，石之精。故凡药物之精曰丹"（《说文》）。这个杂技节目，就是受道家炼内丹的影响创造出来的。传说炼丹要在夜里对着月亮，从丹田结珠，从嘴里吐向月亮，饱吸月华之后再吸回来，因此杂技变丹珠总是用嘴"过托"，即所谓"变丹不离口，变豆不离手"。

"豆"比丹略小，来源于战国的宜僚弄丸。一般用两个碗、三个豆或五个豆来变，后世发展到五碗十豆，名目繁多，但仍透露着东方人体文化的象形取意的本体特征，如"一粒下种""二龙戏珠""三仙归洞""五鸟归巢""松风灌耳""雪花盖顶""铜壶滴漏""山洞遁宝""隔河摆渡""莲花并蒂""穿心过肚""劈剖莲蓬""泰山压顶""易地结果""流星赶月""葫芦遁宝""合浦还珠""红豆相思"等，忽来忽去，随心所欲，变幻莫测。实际上"豆"的变化，也体现着道家"一生二，二生三，三生万物"的哲学思想，一个小节目却折射着东方人体文化的理性精神。

"环"更是东方哲思中求圆精神的反映。"得其环中，以应无穷"。环自古就作为祥瑞的象征，带有神秘色彩，故《瑞应图》有"黄帝时，西王母献白环，舜时又献之"。战国时代的玉璧亦为环形，"用环简单的舞弄变化也不会晚于先秦"，《国策》有"秦昭王尝遣使者遗君王后玉连环"的记载。《仙人栽豆》和《巧结连环》是中国戏法的典型节目，一般用九连环，实际上三个是单环，两个是双环，另一个三环，再有一个有缺口的单环，一切变化皆从此缺口中生发。徒手操作，不藏不盖，深受中外杂技艺术家喜爱。

魏晋南北朝时期不少短命王朝的君主喜好杂技，还出了一位自己善演杂技的皇帝，那就是南朝齐后主东昏侯萧宝卷，他就善演激烈威猛的杂技节目《白虎橦》。《南史·东昏侯纪》说他"日夜于后堂戏马，与亲近阉人、倡伎鼓叫"；《南齐书》卷七载："（东昏侯）躬事角抵，昂首翘肩，逞能橦木，观者如堵，曾无乍窘。他喜欢表演，自制杂色锦伎衣，缀以金花、玉钟、众宝"，真是一位有心的杂技艺术家，可惜身为末世君主，这一切成了他荒唐误国的劣行。鲜卑族出身的北齐历代君主皆好百戏杂技，神武帝子、北齐建立者文宣帝高洋善于登高历险，常于三台殿阁檐脊上奔走如飞。被称为"无忧天子"的北齐后主高纬，于公元 570 年至 576 年大量征集民间的百戏于宫中表演："始齐武平中，有鱼龙烂漫、俳优、侏儒、山东、巨象、拔井、种瓜、杀马、剥驴等，奇怪异端，百有余物，名为百戏。"（《通典》）

庙会与狮子舞

魏晋六朝之时，由于佛教在中国盛行，在许多地方建筑了寺宇，仅洛阳一地在北魏时就有佛寺几百所。在佛庙之前，常常会举行庙会。在庙会上，一是做法事，扩大佛门的影响；二是大集会，买货卖货，并演出百戏。庙会的兴起，为杂技、幻术的演出提供了新的、更方便的场地，对杂技、幻术的发展起了促进作用，同时由于杂技、幻术的表演也为庙会和寺院招徕了众多的香客，产生较大的经济效益。

我国狮子舞是受上古时原始乐舞的影响，当时"击石拊石，百兽率舞"，就是模仿动物的乔形舞蹈。但狮子舞的出现，有文字记载却是在汉代，在魏晋时期较为盛行。

后魏杨炫之《洛阳伽蓝记》一书，就记载了当时庙会中舞狮子的情况。洛阳长秋寺于每年四月初八纪念释迦牟尼佛诞生。在浴佛节时，由白象驮着一尊用金玉装饰起来的佛像，法相十分庄严，前面有辟邪、狮子开路，后面跟着长长的一队杂技艺人表演，有马技、吞刀吐火、顶彩竿、上大索等"腾骧一时"，四周观者如墙，因此常有"迭相践跃，常有死人"的事情发生。浴佛节是各大寺院极热闹的时节，大开庙会，隆重庆祝。不仅梵音法乐之声传闻数里，而且有动人的杂技表演，以致来看热闹的人数很多，规模很大，相互拥挤，有时会出人命。早期的狮子舞，主要出现在庙会上，而且是很重要的表演项目。

狮子舞是佛门的重要乐舞。它是由人扮成狮子，在脖子上挂一串铃铛，摇铃阵舞，十分雄壮。其实狮子并不生于中国，主要产于非洲及南美巴西一带，身长七八尺，头圆而尾巴细长，毛呈黄褐色。雄狮有一头极威武、极好看的鬃毛，吼声可传数里，十分吓人。传说群兽闻之，无不慑服。佛教取其能发大声震动世界，借以比喻佛门之神威，所以讲究"狮子吼"。据《普曜经》记载，释迦牟尼佛初生时，"放大智光明，照十方世界""分手指天地，作狮子吼声"。在《佛说太子瑞应经》中又云："佛初出时，有五百狮子从雪山来，待到门前，故狮子乃为护法者。"而释迦牟尼本人则被佛门喻为无畏的狮子，将其坐席称之为"狮子座"。我国古代因受佛教中这类经典和传说的影响，才产生了狮子舞。在庙会上表演的狮子舞，狮子是由人扮成的，一般为二人，有时为数人，它不仅是辟邪、吉祥的象征，而且是绝好的杂技表演和娱乐。

狮子舞至唐代更盛行，在《新唐书·音乐志》中正式命名作"五方狮子舞"。《礼记·礼运》孔颖达疏云："五色，谓青、赤、黄、白、黑，据五方也。"五方谓东、南、西、北和中央。因为五色为五方的标志，所以五头狮子各饰以一种颜色，表演时色彩缤纷，格外醒目，并由100多人组成的伎乐部伴唱《太平乐》，更增加了载歌载舞的欢庆气氛。后来这种娱乐，因地域、习俗不同，又分为南狮子和北狮子，南狮子"采青"，北狮子"滚绣球""踏球"，各有不同的绝活。狮子舞演出时二人或数人合为一体，既要动作协调，又要生动逼真，显示了较高难的群体技巧。这项杂技一直延续到今天，不仅成为广大人民喜闻乐见的娱乐形式之一，也成为今日大城市中和大舞台上常常出现的表演节目。

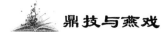

鼎技与燕戏

鼎技，即为百戏杂技基本功中的"倒立"技艺，相当于今天杂技艺术中的"拿大顶"。由于人在倒立后足朝天，臂在下支撑全身的重量，呈上重下轻之态，故"拿大顶"应被称"拿鼎"。而这一拿鼎的倒立平衡之技，也就是人们所称的"鼎技"。三国两晋南北朝时期的鼎技，作为一种表演形式，既有专门表演的，也有掺和在其他杂技、舞蹈、体育等节目中表演的。当时，最具特点的是一种与叠案结合起来表演的技艺——缘案。东晋葛洪《抱朴子内篇·辨问》就有"掷盘缘案"的描述。掷盘即七盘之戏，也就是"杯盘舞"；缘案，也就是《宋书·刘义恭传》称之的"升五案"，是指在叠置的五案之上表演鼎技。《太平御览》卷五六九引《梁元帝纂要》及《邺中记》均称之为"安息五案"。这种杂技实际上是汉代从安息传入并于汉代广为流行的一种百戏杂技艺术。梁代称之为"五案橦伎"。后来为了轻便，又将桌子改为椅子，就是今天的椅技表演。

在这一时期的鼎技技艺中，还有两种被称为"跂行"和"掷倒伎"的技巧。"跂行"实际上是连续翻筋斗并用手来走路的一种杂技表演。《宋书·乐志一》曾出现"跂行"一词。《文选》卷一八嵇康《琴赋》云："感天地以致和，况蚑行之种类。"晋成公绥《天地赋》云："蚑行蠕动，方聚类分，鳞殊族别，羽毛异群。"可见，跂行是人模仿动物而做的一种柔软的技艺表演。

至于"掷倒伎"，《旧唐书·音乐志二》就记载说梁有"掷倒伎"的技艺，也就是一种翻筋斗的表演。如果是在桌上，或跃过桌子表演，便称为"掷倒案伎"。实际上都是鼎技与其他道具结合起来表演的一种百戏杂技技巧。

以倒立、缘案、跂行以及掷倒伎为特点的鼎技的发展，反映了这一时期腰腿功夫的锻炼已达到一定的水平，这就为滚翻穿越等节目的出现和发展创造了条件。

燕戏，即秦汉时的"冲狭"。东晋葛洪《抱朴子内篇·辨问》有"逾锋投狭"之说。表演这一节目时，卷簟席以矛或刀插入其中，艺伎以身投，从中跃过，胸膛挨近矛头或刀尖而不受伤，好像燕子从水面掠过而不沾湿羽毛，动作惊险优美。《宋书·刘义恭传》称之为"透狭"；《礼志五》称之为"透舒"；《乐志一》称之为"笙儿"；《南齐书·乐志》称之为"笙鼠"。后来梁代的"透三峡伎"和唐代的"透飞梯""透剑门伎"，都是由这类节目发展而来。今天杂技中的钻火圈，也属于这一类。

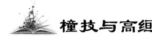

橦技与高绠

　　三国两晋南北朝时期的杂技艺术中，高空节目是较为丰富和具有特色的。而其中的"橦技"与"高绠"就是较具代表性的两类表演形式。

　　由于汉代打下的基础，至魏晋六朝时期橦技出现了不少新的表演形式。一种是"齿上橦"。《邺中记》一书记载："备有额上缘橦，至上鸟飞左回右转，又以橦著口齿上亦如之。设马车，立木橦其上，长二丈，橦头安横木，两伎儿各坐木一头，或鸟飞，或倒挂。"艺人将载有两人的橦竿，忽而移至头顶，忽而用齿咬住，表现出了"力"的健美。另有一种新的表演形式是"肚上橦"。甘肃敦煌莫高窟保存着一幅北魏时期的寻橦壁画，画的上面绘着顶竿艺人，反弓手足撑地，其肚上顶着一竿，在竿的顶端有一个小演员正在做着惊险的柔术动作。这个演员在高空完成如此高难度动作技巧的表演，有些出乎现代人的想象之外，足以反映当时橦技艺人的深厚功底和技术水平。

　　从表演形式看，这一时期的橦技比汉代有所增加。除了上面几种形式，肥水之战前的前秦境内还出现了"担橦"的技艺表演形式，即直接由人担着橦木进行表演。担橦之人要有过人的体力及平衡的技巧，还需与橦上做动作的演员配合默契。东晋孝武帝"太元中，苻坚败后，得关中担橦胡伎，进太乐"，"担橦"之技由此传入东南。公元479年，刘宋相国肖道成逼禅，建南齐。南齐的宫廷杂技中有所谓"后堂杂技狡侩"。《南齐书》记载说，南齐东昏侯萧宝卷酷爱杂技，"日夜于后堂戏马，与亲近阉人、倡伎鼓叫"。萧宝卷本人做皇帝外行，玩弄杂技却是个内行。白虎幢高七丈五尺，别人望而生畏，在他手中，摇曳转动，挥舞自如。他不但能用头、肩、额头、鼻子支撑高幢，甚至还能"于齿上担之"。《南齐书》中说他"躬事角抵，昂首翘肩，逞能幢木，观者如堵，曾无炸容"，一点也不夸张，尊为人主的皇上，亲自下场，昂首耸肩，表演非凡的竿技，观者是绝不会少的。

此外，梁代还有"雷幢技""金轮幢技"等节目。据《三朝会记》载，后来南朝曾新产生过竿上立竿、桌上顶竿，猕猴幢技、啄大幢技等风行一时的众多竿技。而这些"幢技"显然透露出胡檐幢技的影响，应是当时南北方民族杂技技艺交流的结果。

高絙，是古代杂技高空节目中又一个吸引人的项目，是一种将绳索两端固定，由艺人在悬空的绳索上表演各种花样动作的杂技节目。《晋书·乐志下》《宋书·乐志一》均称之为"高幢"。这类似于今天的走钢丝，两个女演员在高空悬挂的粗绳上行走自如，做出各种舞蹈动作，在半空中相逢，则擦肩而过，非常惊险。这一表演的形式与汉代是一脉相承的。这一时期的表演，演技者还往往手执道具来保持平衡。例如，南朝梁代就将"高絙"技称作"青丝幢技"，而如果演员手里拿着一柄伞，用来保持平衡，则称之为"一伞花幢技"。说明其形式已经更加多样化。

手技耍弄

三国两晋南北朝时期的手技耍弄，包括跳丸、跳剑及跳丸剑等形式。由其表现形式来看，这类项目当是由秦汉时期同类项目发展、演化而来的。

"跳丸"也即"弄丸"，又称"弄铃"，主要是将两个以上的圆球用手抛接耍弄，可分为单手和双手抛接。这一时期，跳丸与弄剑往往同时表演。艺伎将铃丸与小剑向空中掷耍，数目不一，抛接自如而无失手。史载曹植曾为邯郸淳表演"跳丸击剑"等戏。晋傅玄《正都赋》云："手戏绝倒，凌虚寄身，跳丸掷堀，飞剑舞轮。"当是铃、剑、轮相继抛接的连续表演。梁代的"跳铃技""跳剑技""吞剑技"，一直流传到唐代，都是这类节目。"吞剑技"是用嘴帮助接剑，更为惊险。除演员演出掷刀剑这种技艺外，民间喜爱投掷技艺的人也很多，且水平并不低于专业演员。《宋书》卷四十八《朱龄石传》载："龄石少好武事，颇轻佻……使舅卧于听事一头，剪纸方一寸，帖著舅枕，自以刀子悬掷之，相去八九尺，百掷百中。"就是一个很典型的例子。

从东周时期开始的跳丸、跳剑到两汉的跳丸剑及和其他节目组合在一起的复合式表演，一直到这一时期的弄铃、掷刀技，都为手技耍弄的发展提供了很好的条件。现在杂技艺术中跳弄的道具更多，大凡球、刀、盘、碗、盆、瓶、勺、帽等，以及大小、重量适合抛接之物都可用作道具，已经成为人们十分喜爱的一种杂技艺术。

扩展阅读　凤凰衔书

在托名班固撰写的《汉武故事》中，有神话中西王母命"青鸟"传书的动人传说。在我国远古时代的图腾崇拜中，对龙与凤最尊崇，并渐渐衍化为用龙来形容男子极尊之人，用凤来形容女子极尊之人，成为皇帝、皇后的专用语之一。所以在东晋时代，出现了由宫廷艺人编演的专门迎合帝王心理的杂技节目"凤凰含书"。

这项杂技在南北朝时也很风行，据《邺中记》记载，石虎与皇后在观上下"诏书，五色纸"，然后将诏书放入用木做并"五色漆画"的凤凰口中，"侍人放数百丈绯绳，辘轳回转"，使木制的凤凰从高空飞下，"谓之凤诏"。在《南齐书·乐志》载有《凤凰衔书伎歌辞》，并评云："盖鱼龙之流也。"是说它是从汉初鱼龙曼衍中发展衍变出来的。其实"凤凰"只是传说中的异鸟，说它是鸟中之王，雄的称作"凤"，雌的叫作"凰"（古作"皇"），通常简称为"凤"，长的样子大概像长尾鸡，所以在宋代这项杂技又改作"金鸡衔书"。据宋代孟元老《东京梦华录》"下赦"条记载，每逢宋室宣赦犯人之日演出，在金鸡口中含有一幅上写"皇帝万岁"，又有一个上身赤裸的杂技艺人，爬到竿顶，从金鸡口中取下赦书，然后鼓乐大作，开枷去锁，释放犯人，以示皇帝之恩威。

"凤凰含书"和"金鸡衔书"，两者是极其相似的一种带有机关布景的大型杂技，它没有特别高难的杂技动作，全凭机关巧妙，能使凤凰或金鸡上下自如飞动，然后派人从口中取出事先写好的吉祥贺词或赦书，取个吉利，或显示皇帝的恩惠。

第九章

笔墨酣畅
——魏晋南北朝的书画文明

　　魏晋南北朝时期，是中国书画各类书体成熟的阶段。楷书、行书、草书等十分盛行，这一时期，众多的书画家风格各异，取得了空前的艺术成就。

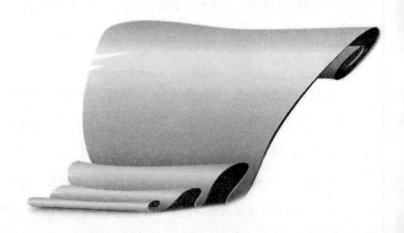

中国书法成为独立艺术

　　汉魏时期，通行的隶书在发展到高度程式化的顶峰时，开始走向衰落。楷书作为一种新体在汉魏书家的逐步探索，特别是钟繇所创楷法的影响下，正走上取代隶书的行程；由隶书的简易发起来的章草日益兴盛时，今草在楷体兴起发展激励下，已露出取代章书的端倪；行书则在楷书、草书两种势力的夹攻下也在积累孕育。它们都为中国书法艺术在晋代大放异彩准备了内在的条件。

　　东汉和帝（89—105年）时，蔡伦发明了造纸术，用树皮、破布、废网等造纸，纸质坚韧，造价便宜，使纸普遍使用，为书法练习和传播提供了便利条件。东晋王羲之书写《兰亭序》时，用的是"蚕茧纸、鼠须笔"，可知纸在晋代更有所发展，而书写用笔也越发讲究，在兔毫笔、羊青毛笔之外，还有劲健的鼠须笔、鸡距笔。紧洁光丽的纸，饱满柔健的笔，再加色如点漆的墨，质地精良的砚，也是促进书法发展的有利条件，在书法工具上提供了保证。

　　汉魏晋之际，玄、道、佛思想广泛流行，为书法艺术的创作提供了多样化的文化背景。魏晋玄学兴起，崇尚清谈，文风放达，直接影响了当时士大夫们的思想情趣。

　　表现在书法便开始大胆追求超逸潇洒的艺术风格，这对行书的自由挥洒、丰神潇洒，草风的遒润多波、信手万变、痛快淋漓、一气呵成，准备了心理基础，这个时期战乱频繁，人民颠沛流离的社会背景，为佛学的传入和流行提供了适宜的土壤。也因此引起了开窟造像、凿石刻经、建寺立碑之风的盛行，这在客观上给书法的普及和发展起了催化和促进作用。

魏晋时期，书法理论也很盛行，品藻风气在书法领域一浪紧接一浪，不断由表及里，探及书法本体的核心。这也是促进书法艺术繁荣发展的原因。

这时层出不穷的书法家作为书法艺术的主体，在代代传承，代代创新的艺术积累中，最终使中国的书法在晋代成为一种独立艺术。

晋代，楷书王羲之的改进最终独立成新书体，又经王献之的创新，结束了楷书体的衍变过程，使楷书发展成熟；王羲之书天下第一行书——《兰亭序》后，使行书成为士大夫阶层最流行的书体；王献之又将其父的草书由"破体"而成"一笔书"，使今草由此定型；行草介于行书和草书之间，也得到深入的发展。

晋代书法作为一种独立的艺术，可与唐诗、宋词、元曲、明清小说相提并论，是中国古代文明史上光辉灿烂的一页。此时的书法名品很多，成为后世学书者的楷模，著名的书家有近二百人，可谓书法艺术的顶峰，对后世产生了深远的影响。

 毛笔制作对书法的影响

魏时，书家韦诞以制墨闻名当时，而且擅长制笔。北魏贾思勰的《齐民要术》中载有韦诞制笔的方法：以兔毫与青羊毛相杂。这种兼毫笔，刚柔相济，软硬适中，深得人们的喜爱。韦诞在制笔的同时，还注意总结经验，著有《笔经》一书，对制笔之法介绍极为详尽，制笔之法："桀者居前，茸（短毛之意）者居后，强者为刃，惬者为辅。参之以苘（似麻的纤维），束之以管，固以漆液，泽以海藻。濡墨而试，直中绳，勾中钩，方圆中规矩，终日握而不败，故曰笔妙。"从此可看出韦诞制笔，善于取用几种不同的兽毛，以硬毫为柱，柔毫为被；健者为心，软者为副。在毫料运用上，多以鹿毫为柱，羊毫为被而为之。韦诞屡经实践总结出的这一制笔方法，已成为我国传统制笔法之一，人称"韦诞法"，一直为后人所效法，并沿用至今。

魏至晋时，制笔趋于大而锋毫饱满，不仅有硬毫笔、软毫和硬毫相杂的兼毫笔，而且软毫笔也名扬当时。书家可根据自己擅长的书体、用笔的爱好和艺术实践，选择刚柔性能不同的书写工具，创造各种风格的书法艺术。

晋时制笔方法，基本沿袭旧法，毫料选用多推崇兔毫，兔毫笔仍为当时人们众口一致的佳笔。晋傅玄《笔赋》中："简修毫之奇兔，选珍皮之上翰。濯之以清水，芬之以幽兰，嘉竹翠色，彤管含丹，於是班匠竭巧，名工逞术，缠以素枲，纳以玄漆。染芳松之淳烟，写文象于纨素，动应手而从心，焕光流而星布。"从这里可以看出其选料的严格、工匠制笔的高超技艺。一支得心应手、称心如意的佳笔，来之何等不易。另外，东晋书法家卫夫人《笔阵图》中说："笔要取崇山绝仞中兔毫，八九月收之，其笔头长一寸，管长五寸。锋齐腰强者。"可见当时书家对笔的要求之高，从毫料的选择，以至笔头、笔杆的长度及成笔的质量，都有了一定的标准。从此也可看出当时书家对兔毫笔偏爱至极。

鼠须笔的制作，也深受书法家的青睐，南朝宋刘义庆《世说新语》中说："王羲之得笔法于白云先生（注：东晋穆帝时人，生卒年不详），先生遗之鼠须笔。"王羲之所书的《兰亭序》，就是用锋强毫锐的鼠须笔书写成的，所书遒美劲健、飘逸自然，为历代所宝。故后人素以鼠须笔为重。唐书家张彦远《法书要录》中载有王羲之写《兰亭序》以："鼠须笔，遒媚劲健，绝代无比。"相传王羲之当时曾同笔工韦昶共同磋切，试制鼠须笔，韦昶所制之笔，被人称为"绝世佳笔"。这种鼠须笔的制作方法久已失传，当时是不是用真的老鼠须，还是松鼠之类的胡须，不得而知。今天文具店也多出售鼠须笔，实际上名存实亡，多为兔毫所制。据说，曾经有人以重金在粤东购得鼠须，制作成笔后试书，和紫毫笔无别。看来，鼠须笔是一种弹性强、笔毫健的种类，物以稀为贵，鼠须笔大概就是如此。

另外，其他稀有毫料的毛笔制作，也多有涌现，鹿毛笔在东晋时也颇受书家欢迎。唐段公路《北户录》中载："鹿毛笔，晋张华尝用之，不下兔毫。"鹿毫笔其性能和紫毫相仿，然较为罕见，不及兔毫普遍。当时有人误以人须制笔，写字甚佳。刘恂《岭南异物志》中说："岭外既无兔，有郡牧得兔毫，令匠人作。匠既醉，因失之，惶惧，乃以己须制。"没想到以人须制成的笔却异常好用，笔匠坦白以自己胡须所制，于是太守下令每户赋加人须税，无者按笔价纳金。至此人须制笔流传后世。另载："岭外尤少兔，人多以杂雉毛作笔亦妙。"这种鸡毛笔，其性较软，很少用及。晋张华《博物志》中载："有兽缘木，绿文似豹名虎仆。毛可为笔"，而名为"虎仆笔"。总之魏晋时，制笔的原料不像汉时那样单一，而且取料广泛，毫毛多变，性能各异，各有千秋，为书家提供了前所未有的各种性能的毛笔。因此书家在用笔的选择上，也相当讲究。

晋时除制笔工艺较前进步、种类诸多外，记载制笔的著录，也随之问世。晋张华《博物志》中对笔的制作，多有论及。晋武帝曾以辽西国所献名笔"麟角笔管"赐予名士张华，以示褒奖。晋王嘉《拾遗记》中有载："晋武帝以《博物志》成，赐张华麟角笔管，辽西所献也。"

南北朝时，使用的毛笔仍属可以退下头的毛笔，这种易头而不换管的方法，世称为"退笔"。唐何延人《兰亭记》中载：南朝书家智永，为王羲之七世孙。"常居永欣寺阁上临书，所退笔头置之于大竹簏，簏受一石余，而五簏皆满。"然后，把废笔头埋入地下，做个坟墓，称为"退笔冢"。笔头为可退之笔，仍沿袭汉笔的制作。当时民间制笔也相当普遍。《江南府志》中载："南朝有姥善作笔，萧子云常书用，笔心用胎发。"这是我国妇女制笔和以小儿胎发为制笔原料的最早记录。唐时诗人僧齐已有"内惟胎发外秋毫，绿玉新裁管束牢"的诗句，也说明了以胎发为柱、兔毫为被制作毛笔的出现。

当时统治者用的笔，仍以贵重形美为佳。南朝梁元帝工书善画能诗，时有"三绝"之称。曾使用金管、银管、斑竹管的毛笔。孙光宪《北梦琐言》中载："梁元帝为湘东王时……笔有三品，或以金银雕饰，或用斑竹为管。"据说用三品笔来记载忠臣义士及文章的精华；忠孝两全的人使用金管笔书写之；德行精粹的人，使用银管笔书写之；文章瞻逸的人，使用斑竹管笔书写之。笔杆之名贵，仅可供观赏而不便使用。

纵观魏晋南北朝各个时期，书写工具的笔，在数量、质量上都得以改进，远远超过汉代，从而为这一时期发挥其艺术才能，创造独具艺术的书风，提供了极大的便利条件，有力地促进各类书体的成熟和发展，涌现了大批卓有成效的书法大家，并以独特的风貌名振当时，影响后世。钟繇的隶书、楷书，结体朴茂，出乎自然；皇象章草，笔势沉着，纵横自然；卫夫人正书，妙传其法，为人宗尚；王羲之正书、行书，字势雄强，诸多变化；王献之行书、草书，英俊豪迈，饶有气势；智永和尚，精研书艺，影响初唐，等等。大批书法家的涌现，促进了这一时期书法艺术的突飞猛进，使这一时期成为我国书法艺术的鼎盛阶段。

知识链接

狼毫笔

笔头取黄鼠狼身上和尾巴上的毛制成。以东北产的狼毫最好，称"北狼毫""关东辽尾"。狼毫属硬毫，比兔毫稍显柔软，比羊毫质地挺拔，宜书宜画，但不如羊毫笔耐用，价格也比羊毫贵。常见的品种有兰竹、写意、山水、花卉、叶筋、衣纹、红豆等品类。

 书法字体革新的代表：钟繇

楷、行书体在东汉后期已萌芽并发展起来，在三国两晋时期，成为日常通行的手写体。近代以来考古发掘出土的简牍、残纸，如湖南长沙走马楼三国吴简，新疆楼兰魏晋至十六国时期的残纸，都反映了当时楷、行书体的发展面貌。典型楷、行书体的点面、结构都已成型。

曹魏时期，钟繇是早期专注于这两种新书体的代表性书家。

钟繇（151—230年），字元常，颍川长社（今河南长葛）人。钟繇能写很多种书体，而以隶、楷最为精妙。汉末刘德升已经开始关注民间日常手写体流行的楷、行书，钟繇和胡昭均师学于他，但是钟繇在艺术上却有所改进和突破。从书法发展上讲，钟繇和书法尤其是楷书对后世的影响极大，被后人誉为楷书之祖，又与东晋的王羲之并称"钟王"。据一本南朝的书记载，钟繇的一本书在西晋末年为王导收藏，在战乱中藏在衣带中渡江南逃，并传给了王羲之，王羲之又传给了王献之，王献之又传给羊欣……凡二十有人，而且得笔法者皆成一大家。可见，就楷法而言，钟繇的影响已在王羲之之上。而且，当时王、谢子孙学习书法都以锺法作为圭臬。其后张旭、怀素、颜真卿、黄庭坚等在书体创作上也都从各方面吸收了钟体之长、钟论之要。

钟繇的传世作品，就风格而言有两部比较可信。其中一部是三国魏黄初二年（221 年）上表魏文帝的奏章，曾先后被唐、宋、清等朝内宫及民间鉴赏家收藏，不幸于八国联军入侵时被一个英国水军掠得，后被霍丘裴景福以重金购得，不料又被人盗去，盗者怕被人发现，将其藏在土中，从此不见了踪迹。现在我们所见到的墨迹，是根据照片影印的，虽为小楷，但笔画清楚，笔法意态历历在目。其笔法已转化为方圆，八面沉稳，字形略扁，结构严密而出之自然，所以被后世推崇为"天上神品""天下第一妙迹"。

此外，钟繇的楷、行书风格对魏晋时期的日常官方文书手写体也产生了影响。当时，钟繇的外孙荀勖任秘书监的长官，将钟、胡的楷、行书作为学习的范本，官方日常文书的书写字体的风格作钟、胡之书体，对下层民众起了示范作用，影响重大。

总之，钟繇在中国书法史上占有相当重要的地位，对于汉字书法的创立、发展、流变都有重要作用。

天下第一行书：《兰亭序》

　　草书和楷书都是从隶书发展而来的。草书提高了书写速度，却增加了辨认的难度；楷书字体规范便于辨认，却很难提高书写速度。在这种情况下，便出现了一种介于草书和楷书之间的字体——行书。

　　草书如奔跑，楷书似站立，行书若行走。行书的书写速度介于草、楷之间，其笔画与结构也介于二者之间；其运笔既不像草书那样自由奔放，也不像楷书那样严谨、规矩，而是游丝牵连、笔画不断、节奏明快、生动活泼；其结构既不像草书那样舒展放纵、不拘一格，也不像楷书那样字字独立、方方正正，而是删繁就简、破方就圆。

　　晋代上自皇室贵族，下至平民百姓，几乎无人不好书法，卫氏、索氏、陆氏、郗氏、庾氏、谢氏、王氏等望族更是名家辈出。书法在晋代就早于诗歌和散文，发展成为一门极为成熟的艺术，晋字也因此得与唐诗、宋词等并列为中国艺术史上的丰碑。行书成于东汉末年，魏晋以后得到了长足的发展，其成就最高者当属"书圣"王羲之。

　　王羲之（321—379 年），出身于两晋琅琊的王氏望族，曾官至右军将军、会稽内史，故后人称之为"王右军"。他 12 岁时父亲即传授其笔法论，"语以大纲，即有所悟"。他少时师从卫夫人，后渡江北游，遍访名山，博采众长。他精研草书和楷书，草书师法张芝，正书得神于钟繇，技法上融会魏晋名家之长，神韵上凝聚魏晋玄学之妙，张扬意趣，自成一家，将外在的规则内化为心灵的需要，达到了一种法无定法的艺术境界。其行书在当时独树一帜，"右军字体，古法一变。其雄秀之气，出于天然，故古今以为师法"，达到了"贵越群品，古今莫二"的艺术高度。

古人每年三月初三要到水边游玩，以求消除灾凶，称为修禊。东晋永和九年（353 年）的三月三日，王羲之与名士孙统、孙绰、谢安、支遁等 41 人，在会稽山阴的兰亭（今浙江绍兴西南兰渚）行修禊之礼。朋友们置身茂林修竹之中，曲水流觞，赋诗抒怀，即兴写下了 37 首诗，结为《兰亭集》，推举王羲之为此集作序。此时的王羲之身处惠风和畅的自然山水间，正酒酣耳热之际，文思泉涌，逸兴大发，自然之美与人情之畅绝妙地交融在一起，于是一气呵成，书就《兰亭集序》，又称《兰亭序》。

《兰亭序》的章法、结构、笔法相当成熟圆润，纸隙墨缝间散出丰裕的艺术美韵。用笔遒媚矫健，融合了篆书、隶书、草书的章法，中锋起转提按，线条如行云流水。凡 324 字，每一字都被王羲之塑成一个鲜活的生命，筋骨毕现，血肉丰满，且赋予了不同的秉性、精神和风仪，或坐、或卧、或行、或走、或舞、或歌，尺幅之内，有的像楷书，有的像草体，恍若群贤毕至，相携对酌，神态飘逸，气韵横生。王羲之的智慧不仅表现在字体结构的变化多端，更突出地表现在重字的结构上，20 多个"之"字书写竟无一雷同，各具风貌神采。在通篇布局上，以纵行为中心，文字参差相间，错落有致，但又字字相关，不离不散，字里行间流淌着音乐般的韵律。黄庭坚称"《兰亭序》草，王右军平生得意书也，反复观之，略无一字一笔，不可人意"。明代画家董其昌在《画禅室随笔》中写道："右军《兰亭序》，章法为古今第一，其字皆映带而生，或小或大，随手所如，皆入法则，所以为神品也。"《兰亭序》从文学的角度赏析，文字优美恬淡，情感旷达闲逸，是一篇千古佳作；从书法的角度欣赏，体现了笔与意、骨与肉、形与神、刚与柔均衡中和的古典美学的理想范式。因此，《兰亭序》被誉为"法帖之冠"，被各代书家悉心钻研，尊崇为"天下第一行书"。

精美的艺术形式来自特立独行的生命形态。《兰亭序》的成功绝非偶然。魏晋人在精神追求上与汉代人有很大不同。汉代对士人的要求重在道德、操守、儒学和气节诸方面，但到晋代，人们关注的是才情、气质、风貌和格调，从恪守道德规范到重视个人的内心感受，脱俗超尘的气质风度与率真任性的行为方式成为士人的理想追求。王羲之为人坦率，不拘礼俗，犹喜清静，被时人形容为"飘如游云，矫若惊龙"，具有魏晋风度、玄学底蕴的名士。而旷达的性格造就了他书法的雄浑气象、自然意态，落实到《兰亭序》中，就表现出一种天人合一的自由境界，散发出自然飘逸、洒脱简洁的气质品性，还渗透出一股不凝滞于物的心灵感应和艺术功力。因此，这几项条件合而为一，才酿泉为酒，凝蕴出如此美轮美奂、芳香四溢的艺术极品。

《兰亭序》写成后，王羲之自己也十分得意，后来又写过十余遍，都达不到原作的神妙精美之境。这幅行书遂成王家的家传之宝，传到七世孙智永禅师时，他还专门修造了贮藏《兰亭序》的阁楼。智永临终时传给弟子辨才，辨才将之藏于房梁之上。这时已是唐初，唐太宗李世民酷爱王羲之之书法，不惜派人重金购募王氏真迹。御史萧翼装扮成一个穷书生，骗得了辨才的信任，盗走了《兰亭序》。唐太宗得到《兰亭序》后，敕令弘文馆的书法高手冯承素、赵模等人精心复制一些摹本，赐给皇族和宠臣，而当时这种"下真迹一等"的摹本亦"洛阳纸贵"。此外，还有欧阳询、褚遂良、虞世南等名手的临本传世。唐太宗还亲自为《晋书》撰写《王羲之传论》，对王羲之的书法推崇备至："所以详察古今，研精篆素，尽善尽美，其惟王逸少乎!"将他的书法艺术推到了一个前无古人、后无来者的高度。唐太宗临终时，遗命将《兰亭序》真迹与其殉葬，《兰亭序》真迹从此沉埋地下、永绝于世。今天我们看到的《兰亭序》的最好摹本是冯承素的拓本，其卷首有唐中宗李显神龙年号小印，又称"神龙本"，现藏北京故宫博物院。

王羲之的书法刻本还有《乐毅论》《黄庭经》《东方朔画赞》等楷书作品，在中国古代书法史上占有重要地位。他的行草书传世墨宝有《寒切帖》《姨母帖》《初月帖》等十余种。这些墨宝虽然是唐人双勾廓填摹本，但也都不失为难得的珍品。他的行书《快雪时晴帖》只有 24 个字，也被清乾隆皇帝列为《三希帖》之首。与两汉、西晋相比，王羲之书风最明显的特征是用笔细腻、结构多变，其最大成就在于增损古法，变汉魏质朴书风为笔法精致之书体。草书浓纤折中，正书势巧形密，行书遒劲自然，他将汉字书写从日常实用引入一种注重技法、讲究情趣的精神境界。实际上这是书法艺术的觉醒，标志着书法家不仅发现书法美，而且能表现书法美，后来的书家几乎没有不临摹王羲之法帖的，因而王羲之才有"书圣"的美誉。

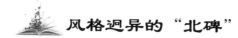

风格迥异的"北碑"

北朝书法是独立于南朝书法的另一体系。南朝盛行"帖"，而北朝，由于宗教盛行，石窟造像繁多，因此涌现了大批碑像，加之北朝无碑禁之令，所以封建贵族沿袭汉代树碑立传之风。这些石刻、汉迹，统称为"碑"。内容多为严肃的文字，书写多用隶书、楷书，自然而又端正严谨，所以，在同一时期，中国书法史上出现了"北碑南帖"的现象。

北碑以北魏最为丰富，艺术成就也最高，故常以"魏碑"概称北碑。

北碑是由汉隶到唐楷之间的一种书体的总称。变化很多，风格各异，但可划归为两大基本类型——着意型和随意型。

一类属于着意型的碑刻，具有良好的基本功，如有统贯全体的笔法、结体规则等，一般出于享有盛名的民间书家之手，有的是当时著名的士大夫文人书家。而且与之相适应的也有一批刻技娴熟，被推崇为高手的刻工为其服务。因士大夫书家所书碑、志非同一般庶民，所以对刻工更为讲究。

另一类是随意型的碑刻书法，一般为民间能书者。由于这些作者并不像书家那样有良好的基础，所以书写并无太多讲究，加以刻字过程中也会有一些发挥，所以能在随意中出天趣、胆大不拘、变化多端，这与着意型碑刻书法往往流露出的理性意味相比，又是一种美。

北碑书法独立于"二王"的光环之外，直接取法于汉魏书，创造出丰富多彩的书法风格。若将其归纳，可得出六大类别：端正娴雅，方劲朴实，奇逸洒脱，雄浑博大，率朴酣畅，奇丽遒劲。

端正娴雅：这一风格类型，北魏作品绝大部分为墓志，而且绝大部分出自洛阳地区，所以端正娴雅是北碑中洛阳作品所具有的倾向性的主流风格，甚至可以说这就是"洛阳风格"。

方劲朴实：风格以《龙门二十品》为代表。指刻在洛阳城南龙门石窟中的二十则造像记，是龙门石窟中最著名的代表作品。其中，最为端正的有四个，其中一个是阳刻，剩下的三个是阴刻。虽然如此，但是字的结体、点画形态十分接近，其纯熟的刀法发挥强化了刀笔形态，使相同的点画呈现一致的形态，这无疑是由于运刀的成法在一定程度上改变了书丹效果。这一部分作品比较程式化，因为它以刀加工的成分很突出。

奇逸洒脱：其中代表作品为王远所刻，在陕西襄城县石门东壁，与汉著名的隶书摩崖刻石相邻。虽然王远的作品书体已变，但其体势、情调仍有汉隶摩崖刻石般的逸韵，使得它在众多北碑中地位独特。它为真书，点画瘦劲相似，但更善于"拉长线"似地用笔，有着自己独特的风格，即奇逸洒脱，气度和意韵内涵远在汉隶之上。

雄浑博大：这类作品在洛阳有一些出土的墓志，典雅匀称，用笔方圆相间，温和娴雅。

有的作品出土不明，却精美绝伦。作者书艺极高，结体严谨却又能透出轻松飘逸，仪态万千又能调和统一。另有作品字虽不大，却有摩崖大字的气概风采，还有作品则是笔画强劲，富有韧性，神采飞扬。

率朴酣畅：这类风格多在造像题记中，有的是草书，书丹马虎刻就；有的表现出有意模仿书写形态的刻法，但未经书丹，所以很难准确地把握其位置和形态，也因此造成了生硬笨拙。若从艺术趣味欣赏角度看，这些作品则显得天真意趣，对我们今天在书法风格、境界上的追求又有很高的启示价值。

奇丽遒劲：这一类风格的刻经突出表现在北魏、北周摩崖大字的作品中，并且除了冈山的刻经和题记外，应当出自一人之手。其显著特点为字型巨大、古朴。所谓古朴，表现在结体上是天真浪漫、藏巧于拙，尤其是在隶、真之间，偶或杂篆书偏旁结构，却能统一和谐为整体，并且结体宽松疏朗；表现在用笔上，用篆、隶、真法相融，而且以圆浑为本。因此，字与山岳之势浑融为一体，雄伟壮观。

北碑表现出粗犷质朴、天姿纵横的风貌，是中国书法史上的又一审美典型，与南帖潇洒流丽、蕴藉含蓄之风形成对比。其所出现的楷书定式，为唐代书法的辉煌奠定了基础。至此，中国书法在书体演变风格确立和理论体系形成诸方面都已经成熟，竖起了一座为后世景仰的丰碑。

知识链接

孙吴碑刻异军突起

东汉末年，隶书的发展已登峰造极，挑脚潇洒自然，形态精美多姿，但为强调波挑的装饰性，书写的程式化，使得挑脚变得齐整，波势渐趋方直，起笔追求方截，走进了千篇一律、无法创新的死胡同。

到了魏晋，这种定型化的隶书更是穷途末路、江河日尽，消亡渐成必然的趋势。

汉魏之际，隶书的衰颓使得碑刻隶书也走向下坡路，虽书体方正，气势庄严，但缺少生趣，书风雷同，艺术魅力大减。

此时，江南碑刻却异军突起，在这颓废的局面中现出异彩。这就是孙吴的《天发神谶碑》《禅国山碑》和《谷朗碑》。

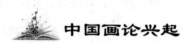 **中国画论兴起**

魏晋南北朝时期，绘画艺术高度发展并呈现全面繁荣的景象，与此同时，总结和探索绘画艺术的理论——画论兴起并得以迅速发展，高度发达的画论成了魏晋南北朝时期艺术进入自觉时代的标志。据画史文献记载，这一时期绘画创作活动十分兴盛，画家人数很多，并有一大批影响很大的画家活动于艺术舞台，最著名的如顾恺之、陆探微、张僧繇等，许多帝王也

潜心创作，如南朝宋明帝、南梁文帝等，这些创作实践无疑是画论兴起的一大重要因素。魏晋玄学的流行，佛、道二教的迅速繁盛，促使人们的思维方式发生变化，并进而深入地探索艺术本体，佛寺壁画和塑像带来的域外艺术的某些气息，也引发了人们对艺术创作技巧的深入思考。东晋顾恺之是位杰出的人物画画家，在创作上他善长传写人物的神情和气质风度，其流传下来的画论著作有《魏晋名臣画赞》《论画》《画云台山记》三篇，核心思想就是以形写神。他认为描绘人物，不仅要求形象真实，而且要能传达人物的性格神态和内心活动。强调通过对人物的关键部位如眼睛等的描绘取神、写神，人物神情特征才能令人妙赏。顾恺之特别重视主体与客体之间的司对交融，认为"司对通神"才能"迁想妙得"，只有透彻地了解熟悉了客体的性情心理，才能把握瞬间精神和心理的微妙变化。顾恺之强调的是人物形神论。而刘宋时的宗炳和王微则着重讨论山水画中的形神问题。

宗炳（375—443年），字少文，河南南阳人，一生未仕，善书画，好游名山大川。《画山水序》是他流传下来的画论著作，他认为山水和圣人都体现"道"，怀道的圣人能适应万物的变化，通过物象来阐明抽象的道，有质有灵的山水是物象的一种，所以也体现道，大自然能给人以畅神的美感享受，山水画表现的自然美给人的审美感受正在于畅神。在中国美术史上，他还第一次明确提出了山水画的观察方式和透视原理，这一创造性的摹写方法对处理山水画的空间关系具有划时代的意义。王微《叙画》除强调山水有形有灵以外，更重视其"怡悦性情"的作用。

南齐谢赫对前人的理论成就加以总结和综合，系统地提出了绘画的品评原则六法论：将气韵生动排在六法之首，显然是由神似原则发展而来，气韵即为神韵，气韵生动主旨在于生动地表现对象的气质品格和精神内蕴。通过这些画论可以明显地看出，魏晋南北朝时期，以神写形和重视气韵的理论已成为中国画的主导精神，在后代的理论及创作中被长期继承，很显然，其理论源头可追溯至老庄；可以肯定是在魏晋流行的玄学思潮影响下形成的，而"悟对通神""迁想妙得"的思想与佛、道二教思想不无相通之处。南朝陈姚最的《续画品录》中所提出的"心师造化"的思想与佛教理论并无二至，毫无疑问，画论的兴起和成熟是魏晋南北朝时期多种因素的合力造就的。魏晋南北朝画论的兴起，标志着中国绘画理论走向成熟，中国画的主导精神从此形成，谢赫开启了中国品评体美术史之先河，所有这些，都直接影响着后世中国画的理论和创作。

知识链接

古代国画分科之说法

画分十门。中国画的分科，唐代张彦远的《历代名画记》分六门，即人物、屋宇、山水、鞍马、鬼神、花鸟等。北宋《宣和画谱》分十门，即道释、人物、宫室、番族、龙鱼、山水、鸟兽、花木、墨竹、果蔬等。南宋邓椿的《画继》分八类（门），即仙佛鬼神、人物传写、山水林石、花竹翎毛、畜兽虫鱼、屋木舟车、蔬果药草、小景杂画等。元代有"画家十三科"，但内容相当庞杂，作为分类标准不适宜。

 顾恺之与其艺术成就

顾恺之（344—405 年）是东晋绘画的卓越代表人物，也是我国历史上著名的大画家、早期的绘画理论家。他出身士族高门，字长康，小名虎头，少年时便当上了大将军恒温的参军，后任散骑常侍。

顾恺之多才多艺，名声很大，当时有"画绝、才绝、痴绝"的"三绝"称号。在绘画上，他总结了汉魏以来民间的和士大夫的绘画经验，把传统绘画向前推进了一大步。顾恺之善画肖像，亦工山水，他认为绘画妙在传神，要以形写神，有"传神写照，正在阿堵中"的妙语。

青年时代，他为江宁瓦官寺作维摩诘壁画，当众为画像点睛，三日间便为寺院募得百万钱，此事轰动一时。他为裴楷画像，在颊上添上三毫，就使画像神采奕奕；画谢鲲则以岩壑为背景，因为谢鲲好游山玩水，故借此以表现其志趣风度。

唐代书画讨论家张怀瓘的《画断》说："像人之美，张（僧繇）得其肉，陆（探微）得其骨，顾（恺之）得其神，以顾为最。"一语奠定顾恺之在绘画史上的地位。顾恺之本人在其画论里也说，画"手挥五弦"固然不易，但画"目送飞鸿"更难。此语正体现了他对神形兼具的追求，这一点对后来的中国画创作和绘画美思想的发展，有很大的影响。

顾恺之的绘画题材涉及道释、人物、山水、禽鸟，无所不包，有文献记载的不下六七十件，但真迹均已失传。从流传至今的被认为是顾恺之原作摹本《女史箴图》《洛神赋图》《列女仁智图》中可以看出顾恺之艺术的风格和神韵。

《女史箴图》（唐摹本）是依据西晋张华的文学作品《女史箴》而画，从"班婕有辞，割欢同辇"起至"女史司箴，敢告庶姬"止，共分九段。内容是教育宫中妇女如何为人的一些封建道德规范，但图卷中出现的是一系列动人的妇女形象，有冯婕好奋起驱熊的矫健，有班婕婉言辞辇的端庄，有宫女日常梳妆的妩媚。画中的人物"笔彩生动，鬓发秀润"，衣带迎风飘举，仪容典雅自然；其创造绘画形象的主要特征是注重用线造型，线条以连绵不断，悠缓舒展的形式体现出节奏感，用线条的力度不大，如"春蚕吐丝"一样。顾恺之已将战国以来的"高古游丝描"发展到了完美无缺的境地。

《列女仁智图》（宋摹本）同样表现了传统题材，全卷原分 15 段，现存"楚武邓曼""卫灵公妻""孙叔敖母"等 8 段，画后题赞。画卷布局方式与形象特征与《女史箴图》相近。虽沿用自汉以来的传统题材，但在情节的表现上则注意以人物的动态来处理相互之间的关系。

《洛神赋图》（宋摹本）是依据诗人曹植的文学创作而画成的，反映了顾恺之创作题材的扩大。绘画以故事的发展为线索，分段将人物及情节置于自然山川的环境中展开描绘。画中的洛神含情脉脉，若往若还，表达出一种可望而不可即的惆怅情意，体现了顾恺之概括为"悟对通神"的艺术主张。后人对顾恺之的画法和风格论述颇多。

唐人张彦远在《历代名画记》中说："顾恺之之迹，紧劲联绵，循环超忽，调格逸易，风趋电疾"；元人汤垕在《画鉴》中形容顾恺之用笔"如春云浮空，流水行地"；"傅染人物容貌，以浓色微加点缀，不求晕（藻）饰"。他在画法上师承卫协精细一体，开创后世"密体"一派，表现了魏晋之际绘画艺术的时代特征。顾恺之的绘画理论和创作实践代表了魏晋南北朝绘画艺术的最高成就。

 点睛之笔动寰宇：张僧繇

张僧繇，南朝萧梁时期绘画成就最大的画家。张僧繇擅作人物故事画及宗教画，所绘佛像，自成样式，被称为"张家样"，为雕塑者所摹信，后人将其画法与唐吴道子并称为"疏体"。

张僧繇是吴中（今江苏苏州）人，一说为吴兴（今浙江湖州）人，生卒年不详。梁武帝天监（502—519 年）中，张僧繇为武陵王国侍郎、直秘阁知画事，后来又担任右军将军、吴兴太守。

张僧繇的绘画艺术，是在继承传统艺术和借鉴外来形式的基础上发展起来的。他善于吸收传统艺术的优点，融合形成自己的风格。此外，他还善于向其他艺术门类借鉴，如他的"点、曳、斫、拂"四个基本技法，是从卫夫人的《笔阵图》中得到的启发，是书法艺术在绘画艺术上创造性的运用。张僧繇善于接受外来艺术形像，从他的画题里可以看到胡僧、番奴形象，如《扫象图》和《二胡僧图》。这不但表明他与外域使者的往来频繁，而且意味着张僧繇还通过他们来丰富佛教画艺术形象的创造。

张僧繇在艺术修养上有坚实的基础，他最主要的艺术成就，就在于他创造了独具风格的疏体画法，突破了从顾恺之、陆探微以来密体画法为唯一技法的局面。疏体的形成，为我国绘画艺术奠定了疏与密的两种表现手法的基石。

传说，张僧繇的绘画大多入神，甚至具有灵性。关于他的名画《天竺二胡僧图》就有一个故事：南朝萧梁王朝，侯景举兵叛乱，在战乱中《天竺二胡僧图》从中撕开，两僧被拆散。后来，其中一个胡僧像被唐朝右常侍陆坚收藏。不久陆坚病重，梦见一个胡僧告诉他："我有个同伴，离散了多年，他现在洛阳李家，你要是能找到他，把我们俩放在一起，我们就会用佛门法力来帮助你。"陆坚到洛阳李家果然找到了另外半幅画，他买下了另一个胡僧的画像，并把两幅画拼接在一起。没过多久，陆坚的病果然痊愈了。

江陵有天皇寺，齐明帝命张僧繇画佛像，他在殿内画卢那舍佛和孔子等十人，明帝责问："佛门怎有孔子？"张氏说："以后还须孔圣人。"果然，周世宗柴荣灭佛，天下寺多毁，天皇寺因孔子像而保存。

张僧繇创造了不用轮廓线的"没骨"法，全用色彩画成，改变了顾恺之和陆探微以来的瘦削型的形象，创造出比较丰腴的典型。张怀瓘评价道："象人之美，张（僧繇）得其肉，陆（探微）得其骨，顾（恺之）得其神。"后来把他的这种画法和唐代的吴道子并称为"疏体"。张僧繇的"疏体"画法，到了隋唐时期才兴盛起来。后人论其作画用笔多依书法，点、曳、斫、拂，如钩戟利剑，点画时有缺落而形象具备。

张僧繇的作品有《二十八宿神形图》《梁武帝像》《汉武射蛟图》《吴王格武图》《行道天王图》《清溪宫水怪图》《摩纳仙人图》《醉僧图》等。已无真迹流传，多为摹本，唐代梁令瓒的摹本《五星二十八宿神形图》最为出名，目前藏于日本大阪市立美术馆。

知识链接：

张僧繇与"画龙点睛"

有一年，张僧繇在金陵安乐寺的墙壁上画了四条龙。这些龙画得惟妙惟肖，栩栩如生。游人纷纷前来观看，赞不绝口。但美中不足的是，这四条龙都没画上眼睛。于是，大家请求张僧繇把龙眼睛点上。张僧繇说："如果画上眼睛，龙就会飞走的!"人们认为他的说法十分荒唐，一再要求他画上眼睛。面对恳求，张僧繇难以推辞，只好挥舞画笔，把其中两条龙的眼睛画上。刚刚画完，只见雷鸣电闪，风雨交加，两条巨龙撞毁墙壁，腾云驾雾，飞向天空去了。没有画上眼睛的那两条龙，依然留在墙壁上。由此，人们用"画龙点睛"这个成语来比喻画画或写文章时，一两笔关键的话（画）能为之增色，于是把画作或者文章中的妙笔称为"点睛之笔"。

绘画宗师：展子虔

展子虔擅画人物、山水及杂画，人物描法细致，以色景染面部；画马入神，立马有足势，卧马则腹有腾骧起跃之势，与董伯仁齐名。写山水远近，有咫尺千里之势。元人汤垕赞誉他为"唐画之祖"。他在中国绘画史上，是承前启后的一代宗师。

展子虔（550—604年），生于北朝时期，历北齐、北周入隋，入隋为朝散大夫、帐内都督。他一生足迹很广，几乎遍及大江南北，曾在洛阳、长安等地的寺院画过许多壁画。他的山水画画风直接影响到唐代李思训父子的金碧山水创作，被后世誉为"唐画之祖"。

《宣和画谱》称赞他："写江山远近之势尤工，故咫尺有千里趣。"他的山水画比起六朝前山水画那种"人大于山，水不溶泛"的稚拙画法要成熟得多。

展子虔的山水画，在中国绘画史上，独树一帜。特别是他描绘贵族游春情景的《游春图》，是我国现在保存下来最古老的卷轴山水画之一，对后世山水画的发展产生了很大的影响。

《游春图》构图壮阔沉静，设色古艳，富有典丽的装饰意味，此画已脱离了山水为人物画背景的地位，独立成幅，反映了早期独立山水画的面貌，体现承上启下的风格，也标志着山水画即将进入成熟期。

《游春图》于尺幅之内描绘了壮丽的山川和流连其中、乐而忘返的游客。图中展现了水天相接的广阔空间，青山叠翠，湖水融融，有的士人在山中小径中策马扬鞭，有的士人则驻足于湖边，仕女则泛舟水上，熏风和煦，微波粼粼，桃杏绽开，芳草如茵，美不胜收。

《游春图》卷也是一件为历代鉴赏家所珍视的名画。它经宋徽宗题签后，约在宋室南迁之际即行散出，后归南宋奸臣贾似道所有。宋亡后，元成宗之姊鲁国大长公主得到了它，并命冯子振、赵严、张珪等文人赋诗卷后。明朝初年，《游春图》卷收归明内府，而后又归权臣严嵩所有。万历年间，画卷为苏州收藏家韩世能所藏。入清后，经梁清标、安歧等人之手而归清内府。随溥仪出宫被携至长春。目前收藏于故宫博物院。

展子虔的作品有隋朝官本《法华变相图》《长安车马人物图》《白麻纸》《弋猎图》《南郊图》《王世充像》《白描》等六卷，著录于《贞观公私画史》；《朱买臣覆水图》《北齐后主幸晋阳图》《维摩像》等，著录于《历代名画记》《北极巡海图》《石勒问道图》等 20 件，著录于《宣和画谱》。传世作品有《游春图》轴。

1946 年初，故宫散失于东北的书画开始陆续出现。北京琉璃厂的古董商马霁川最早奔赴东北，收购到不少字画精品。回京后，他将一些伪迹和平常之品售于故宫博物院，然后将一些真迹和精品售于上海以牟取重利，甚至勾结沪商辗转出国。此时，展子虔的名画《游春图》就在出售之列。

著名大收藏家张伯驹得知马霁川手中有展子虔的《游春图》卷后，异常着急，唯恐国宝流失海外。因此，他决定购回此画。但是，与马氏接洽后，索价高达八百两黄金，让张伯驹无可奈何！为了免于国宝流失，张伯驹一面请墨宝斋的马保山先生从中周旋，一面奔走告知各家古玩厂商，声明此卷有关历史，决不能流失出境，否则便是中华之罪人，使各商家有所顾虑。最终，在马保山先生的多次协商下，终以二百两黄金谈定。当时张伯驹屡收宋元名迹，已经几乎破产，最终他把所居房产出售，才将《游春图》

卷收归。

后来张伯驹又把这件文物捐献给国家，目前这件稀世之珍收藏于故宫博物院。

 扩展阅读　纸写书的普及

随着造纸术的发明与发展，到了晋朝，纸写书得到广泛的推广与普及。

随着纸的普及运用，纸写书也应运而生，图书形式逐渐由简、帛向纸写书过渡。东汉人崔瑗曾用纸抄书送给朋友葛元甫，魏国曾将曹丕的作品《典论》和诗赋用纸书写一套，送给张昭，作为外交上的礼物。西晋，书籍已开始大量采用纸抄写的方式，左思著《三都赋》，引起很大反响，富贵人家争相抄写下来以作书藏之用，甚至一度造成"洛阳纸贵"。

等到了东晋，官府正式确立纸在抄写书籍上的地位。桓玄帝下令：废除简和帛，一律改用纸，从此，简帛时代宣告结束，图书进入纸抄书阶段，直至后来印刷术的发明。

纸写本书初期，所采用的纸多以黄纸为主，这是一种经黄蘗汁处理后的纸，贾思勰的《齐民要术》卷三《杂说》中曾详细记载了用黄蘗汁处理纸的工序：将黄蘗泡在水中，泡出黄蘗汁，再将经过浸泡的黄蘗捣碎，煮沸，倒入布袋，用劲榨出汁液，再煮，再挤，如此三次，将挤出的汁与开始浸泡出的汁混合起来，用它来浸泡纸张，就可得到黄纸。经过浸泡的黄纸既美观又耐腐朽。随着造纸技术的提高，以后又逐渐出现过各种各样的纸，如草纸、竹纸、藤皮纸，等等。

由于纸书写是由帛书发展而来的，纸写书也沿袭了帛书的形式，即卷轴制，每一卷是由很多张纸联接而成，长度通常可长达 10 米，甚至 32 米之长，其中每张单独的纸的尺寸在不同时期有不同的标准，晋代的标准，大纸通常直高 26 厘米~27 厘米，横宽 42 厘米~52 厘米；小纸直高 23.5 厘米~24 厘米，横宽 42 厘米~52 厘米；小纸直高 23.5 厘米~24 厘米，横宽 40.7 厘米~44.5 厘米。纸抄书的文物资料，据考古发现，迄今最早的纸抄书在新疆出土，当是公元 4 世纪时晋朝的遗物。1924 年，在新疆鄯善县出土了陈寿《三国志·吴志》的纸写木残卷，上有 80 行，共 1090 多个字。纸抄书的出现及普及，方便了学术文化的传播与交流。

如梦如幻

——魏晋南北朝的乐舞

　　魏晋南北朝时期，我国音乐舞蹈酝酿着巨大的变革。少数民族、外国音乐与佛教等宗教音乐在中原地区广泛流行。以相和歌为代表的汉族音乐与南方民歌"吴声""西曲"相结合，形成了"清商乐"，这使得南北音乐得到进一步的交融。

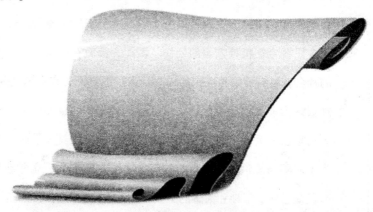

佛教音乐的兴起

公元前1世纪，佛教经西域天竺（今印度）传入中国。佛教发源于古代印度的迦毗罗卫国（今尼泊尔一带），形成于公元前5世纪时期。它是由释迦牟尼创建的一种与当时婆罗门教思想相对立的教派，主张无常和缘起的思想和众生平等，反对和排斥婆罗门教的梵天创世说和种姓制度。由于具有一定的社会意义并顺应了历史发展的潮流，佛教的思想和主张不仅在古代印度的范围内得到了快速传播，而且从公元前3世纪开始在中亚和南亚的许多国家和地区得以流行。

佛教传入中国的时候，正值东汉末年政治局势风雨飘摇，农民纷纷起义，加之连年自然灾害，使国体摇摇欲坠，而到了魏晋时期又因连年战事、军阀割据，而且内忧外患，人民百姓长期生活在水深火热之中。在承受着农业经济被破坏和连年战事所造成的流离失所、民不聊生的苦难时期，佛教的传入在精神上给予人民群众以极大的安慰和寄托，在一定程度上补偿了人民群众在精神方面的创伤。因此，佛教在中国能够得到传播是与当时的社会背景有着直接关系的。在统治阶级方面，自中国进入阶级社会以来，神权统治和神权意识始终是中国政治和文化的重要内容，借用神权来进行统治早已成为统治阶级奴役人民群众的思想工具。因此，佛教的传入在根本上并不与统治阶级矛盾。相反，由于它的传入，立即被其利用，变成麻醉民众思想、精神和情感的工具，以利于他们对人民的统治。

在佛教传入中国的早期，曾经同中国传统的伦理道德和宗教观念进行了大量的融合，从而形成了具有中国特色的佛教文化。在这种融合的过程中，汉民族文化中的文学和艺术曾与其进行过最早的接触，其中音乐就曾积极地促进了佛教文化的传播和发展。

在佛教传入中国之前，印度的佛教音乐就已经具备了相对完整的形式。据梁慧皎所著《高僧传》记载："天竺国俗，甚重文制，其宫商体韵，以入弦为善……见佛之仪，以歌赞为贵。"在传入中国后，印度佛教音乐形式对中国佛教音乐的出现和形成产生了一定的影响，后者继承了前者诵唱经文的形式特征和佛事活动的基本程序。随着佛教活动的日渐普及，中国的佛教徒们开始注意到"梵音重复，汉语单奇；若用梵音以咏汉语，则声繁而偈促；若用汉曲以咏梵文，则韵短而辞长"的矛盾现象，因此，在中国佛教文化形成的过程中，首先开始的是如何创造一种中国化的佛曲形式。

在这方面第一个做出贡献的是汉末魏初的孙炎。

作为最早研究汉化佛曲的音乐家之一，孙炎系统地分析和研究了印度佛曲的规律，在对其进行整理和总结的基础上，将原有音乐在形式上进行规范，使其更具汉族音乐的格式特点，从而为后来的研究打下了一定的基础。

而同时期的另一位音乐家李登则在孙炎的基础上进行了更为深入的研究。他运用了音韵学的手法，首次将五声音阶中的宫、商、角、徵、羽作为首音，再入四声，将佛经中的一万多个字分入其中，初步形成了汉语化的佛曲形式。李登的这一研究成果在南北朝时期被文学家沈约（441—513 年）著成佛曲专著《四声谱》，对这一成果进行了理论化的总结和归纳，促进了中国佛教音乐语言体系的初步完善。在旋律方面，三国时期的曹植多有贡献。据梁慧皎的《高僧传·经师篇》介绍，曹植在熟解梵音的基础上多有创作，"创声则三千有余，在契则四十有二"。在中国佛教史上，曹植在佛曲旋律上的贡献是十分重要的。

佛教音乐在中国的继续发展，是在东晋时期出现了明确的唱导制度。所谓唱导是指在佛事活动中，通过用唱的形式来理解经文和传播教义。在佛事活动的目的、内容、形式和场合等方面，东晋时期出现的唱导制度都做了极其严格的规定，直到这一时期，才初步形成了中国佛教音乐的风格体系。在南北朝时期，竟陵王萧子良，于永明七年（489 年）曾专门召开了一次由佛教专家参加的会议，重点讨论了有关佛教音乐的创作和发展等问题，首次确立了以"哀婉"为主要特征的南方佛曲风格。梁武帝萧衍（464—549 年）笃信佛教，而且精通音律，他曾规定将佛曲正式归类为宫廷雅乐之中，并且亲自审定了《善哉》《大乐》等十首佛曲，命为"正乐"，在后来的隋、唐时代，这些佛曲被视为"华夏正声"，对后来的宫廷音乐有一定的影响。

中国佛教音乐的兴起和发展，从另一个角度来看，它促进和推动了音乐艺术的普及和欣赏水平的提高。纵观魏、晋、南北朝时期，佛事活动已成为人们精神生活中的一个重要组成部分。

信教者人数众多，而且佛事活动十分频繁。由于唱导制度的出现和佛曲风格形式的确定，人们到寺院参加佛事活动已经不单单是听讲经文，而是带有一定程度的诵唱和欣赏音乐的成分，信徒们对经文、教义的认识和理解是用音乐的方式来进行的，实际上佛事活动无形中已经成为人民群众的一种文化娱乐活动，佛教寺院则成为传授音乐的机构和场所，同时起到了保存和传播音乐的作用。在这样一种社会和文化环境里，佛教音乐也自觉不自觉地吸收了人民群众在日常生活中的音乐成分，客观地包容了人民群众喜闻乐见的艺术形式，这些都对佛教音乐在中国文化中的地位打下了基础，并为后世唐代佛教文化的再发展形成了很大的影响。

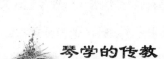

琴学的传教

汉末至魏晋是历史上七弦琴的成熟期。这一时期，在文士阶层集中出现了一批琴家，琴的士文化特征比以往更为突出，琴乐活动成为许多文士生活中必不可缺的成分。琴乐创作也比两汉时期繁荣，琴家不仅演琴曲，并且也自创琴曲。琴家之间的琴学传教活动也因此得到更为普遍的开展。当时的琴乐传教活动，体现在琴的技艺与有关知识的传教（主要有世家与师徒两种传教方式）、琴谱与琴曲的传播、琴学著作的产生等方面。

现存的史籍中，记载有不少汉末魏晋直至南北朝琴家之间的琴学传教行为。汉末琴家蔡琰，字文姬，所学琴艺受之于其父汉末琴家蔡邕。《后汉书·列女传》记其人"博学而有才辩，又妙于音律"。这是世家中的琴学传教。蔡邕还曾传琴艺于汉魏琴家阮瑀。阮瑀幼时从蔡邕学琴，曾因在曹操举行的宴席上弹琴作歌，深得曹操赏识。其人才学甚高，也是文坛"建安七子"中的人物。而阮瑀的琴学，对其子阮籍、其孙阮咸这两位"竹林七贤"中以琴见称的文士皆有影响。这种家学传教甚至延承到阮咸的儿子阮瞻那里。朱长文《琴史》记阮瞻"清虚寡欲，自得于怀，亦善弹琴，人闻其能，多往求听，不问长幼贵贱，皆为弹之"。

汉魏琴家杜夔原为汉宫廷乐官，入魏后参与太乐事。杜夔"丝竹八音，靡所不能"。在琴艺上"妙于《广陵散》"，该琴曲又传于其子杜猛，嵇康所奏此曲，相传又是从杜猛处学得（朱长文《琴史》；刘籍《琴议》）。

第十章 如梦如幻——魏晋南北朝的乐舞

东晋名琴家戴逵，据《晋书·戴逵传》记，其人"少博学，好谈论，善属文，能鼓琴，工书画，其余巧艺靡不毕综"，可谓多才多艺。生活中，"性不乐当世，常以琴书自娱"。代表了一种琴学人文传统。他虽通琴艺，但以琴为文士修身之道而非艺人之技。他弹琴重在自娱自得，而耻于为权贵娱乐用。《晋书·戴逵传》记："太宰、武陵王晞闻其善鼓琴，使人召之，逵对使者破琴曰：'戴安道不为王门伶人！'"《宋书·隐逸》记戴颙"父善琴书，颙并传之，凡诸音律，皆能挥手。会稽剡县多名山，故世居剡下。颙及兄勃，并受琴于父，父殁，所传之声，不忍复奏，各造新弄，勃五部，颙十五部。颙又制长弄一部，并传于世。中书令王绥常携客造之，勃等方进豆粥，绥曰：'闻卿善琴，试欲一听。'不答，绥恨而去。"

这里与琴学传教相关的内容包括戴逵传其琴于两位儿子，而戴颙、戴勃也创作新曲传教于世，从事琴艺与琴曲的传教。但是，对于文士的琴学传教来讲，容易疏忽但更为重要的方面，是关于学琴与做人的问题。这方面，戴勃拒绝为王绥鼓琴而"不为王门伶人"之举，是在琴学的行为上得其父真传。这也反映琴学教育在文士阶层，除了学艺的内容外，还有教人的意义。

汉魏以来，由于琴学教育的实际需要，产生了最早的琴谱。现今存留的最早琴谱，是记录琴曲《碣石调·幽兰》的文字谱。在琴学传教中，需要有记录演奏法的传教手段，而琴乐文字谱的产生，满足了这种教学需要。尽管其记录方式还未摆脱语言文字的符号体系，但却开始了记谱的历史，为以后琴曲减字谱的形成奠定了基础，也有力地推动了琴学教育的发展。

琴学传教的普遍性，在一定程度上体现在琴曲传播的广泛性上。在传教中，必然会形成某些传播面甚广的琴曲。嵇康《琴赋》中提到的当时较为流行的琴曲有《广陵止息》《东武太山》《飞龙》《鹿鸣》《鹍鸡》《游弦》《流楚窈窕》等"曲引所宜"之曲，以及"下逮谣俗"的《蔡氏五弄》及

《王昭（君）》《楚妃叹》《别鹤操》等。《乐府诗集》卷41引南朝宋张永《元嘉正声技录》，讲汉魏相和大曲中"又有但曲七曲：《广陵散》《黄老弹飞引》《大胡笳鸣》《小胡笳鸣》《鸡游弦》《流楚》《窈窕》，并琴、筝、笙、筑之曲。"表明当时存在着将相和大曲的音乐改编为器乐曲（包括琴曲）的做法，这种器乐化倾向一方面促进了琴乐的发展，另一方面使琴乐的传教比以往有了更多的曲目。此外，像嵇康的《嵇氏四弄》（《长清》《短清》《长侧》《短侧》）、刘琨的《胡笳五弄》（《登陇》《望秦》《竹吟风》《哀松露》《悲汉月》）这类琴曲作品，与《蔡氏五弄》一样，是在当时广泛的琴学传教中形成的，从琴乐风格与传承的系统性上讲，属流派意义的个人创作"曲集"。

与琴乐的传教及其教学成果有关，在这一时期，也出现了不少琴学著作。其中有魏瞻的《琴声律图》、谢庄（希逸）的《琴论》、崔亮的《琴经》、陈仲儒的《琴用指法》、肖衍的《琴要》、肖绎的《纂要》等。

《清商乐》的发展与演变

三国时期，曹氏父子三人（曹操、曹丕、曹植）都是著名的文学家，艺术修养很高，很喜爱音乐舞蹈。史称：曹操身边常日夜有歌舞艺人侍候，每当他登高饮酒作乐时，都要赋诗，配上音乐，就成了歌曲。甚至在打败敌人、取得胜利时，曹操竟会高兴得在马上拍手舞蹈。

艺术的发展，自有其本身的规律。然而，封建时代的统治阶级，特别是最高统治者对某种艺术的爱好与提倡所起的作用却也非同小可。曹操喜爱歌舞，就集中了一批优秀的歌舞艺人，住在特筑的铜雀台上，随时为他表演歌舞取乐。直到他临死前，还立下了遗嘱，令这些歌舞伎人每月十五日都要向他的陵墓表演歌舞。这些终身被囚禁、以歌舞娱乐的铜雀伎的悲惨命运，为后人所深深同情，留下了许多以"铜雀伎""铜雀台"为题的诗篇。

史称，南朝流行的"清商乐"实际上原是曹魏时铜雀伎表演的音乐舞蹈。由于这些经过加工、提高的民间乐舞生动精美，所以到处流传，从长安、洛阳直到江南一带，都受到人们的欢迎和重视。曹魏时代，专门设立了管理这类乐舞的官职——清商令、清商丞。纵情声色享乐的魏齐王曹芳（239—254年）"每见九亲妇女有美色，或留以付清商"。从《清商乐》来自铜雀伎，和齐王芳把美女送入清商的史事说明：曹魏时代的《清商乐》是专供统治阶级娱乐欣赏的表演性乐舞。这些来自民间的音乐舞蹈，在进入上层社会的初期，虽已经过了一定的加工、整理，在艺术、技巧上可能有所提高，演出形式更为精致华美，但仍不会失掉它们原有的生动活泼、情真意切的民间风格。这也是人们喜看爱听，得以普遍、长期流传的原因。

魏明帝曹叡青龙年间（233—237年），宫中善歌舞伎乐的有上千人，是规模不小的"皇家歌舞班"。她们所表演的，也大多是"清商"类的乐舞。这种由宫廷组织的"专业"队伍，无疑对当时音乐舞蹈的发展起到某些推动作用。但同时，由于这些供欣赏娱乐的"俗乐"——民间乐舞，在进入宫廷和上层社会以后，必然会随着观赏者——皇室贵族的欣赏趣味、审美习惯和政治需要逐渐改变它们的原貌。在魏晋以后，直至唐代，《清商乐》中一些舞蹈的变化，充分展现了这种发展趋向。

《清商乐》的内容相当丰富，有乐曲、歌曲、舞曲。自曹魏时形成《清商乐》（舞）以后，其内容不断得到丰富。两晋承袭《清商乐》，东晋南迁

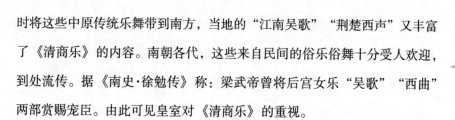

时将这些中原传统乐舞带到南方，当地的"江南吴歌""荆楚西声"又丰富了《清商乐》的内容。南朝各代，这些来自民间的俗乐俗舞十分受人欢迎，到处流传。据《南史·徐勉传》称：梁武帝曾将后宫女乐"吴歌""西曲"两部赏赐宠臣。由此可见皇室对《清商乐》的重视。

北魏王朝，在统一了北方十六国以后南进到淮汉及寿春地区，得到江左所传"中原旧曲"及南方的民间乐舞，并按传统称谓，也叫《清商乐》。于是，南朝、北朝都有《清商乐》传播。当南北统一以后，隋唐宫廷燕乐《七部乐》《九部乐》《十部乐》中，专门设立了《清商》乐部。到武则天统治时代，《清商乐》已日趋衰落，尚存有六十多曲。其中著名的舞蹈有《巾舞》《拂舞》《鞞舞》《铎舞》《巴渝舞》《白纻舞》《前溪舞》《明君舞》，等等。

经过数百年漫长的岁月，《清商乐》发生了许多变化。它们基本上是向两类方向发展：一类是被作为"前代正声"，进入庙堂，归入雅乐；另一类则是经过艺人的精心加工创作，成为精美的表演性舞蹈，数百年盛行不衰。前一类如《鞞舞》，是古代鼓舞的一种，起源于何时已难考订，但汉代已用于宴享。曹操了解到汉灵帝时（168—189年），有个宫廷艺人李坚擅长跳《鞞舞》，于是下令将他召来，李坚当时已年迈，多年不跳，所记古歌词也多有谬误，且时代变迁，用旧词也不当，于是曹植作了新词五篇，但并未被朝廷正式采用，只在藩国流传。到了晋朝，《鞞舞》受到朝廷的重视，把它作为"前代正声"对待。晋人夏侯湛作《鞞舞歌》说《鞞舞》是乐府的精彩节目，是宫廷的珍宝，祭祀天地祖先都要用《鞞舞》，晋朝又作了新的《鞞舞》歌辞五篇，舞蹈是用十六人表演。到了晋末，桓玄权势日大，自封楚王，准备称帝时，太乐分派各种伎乐，尚书殿中郎袁明子提议，使《鞞舞》增满八佾（64人，周礼规定，为天子用乐人数）。南北朝时期，南朝宋明帝刘彧亲自制《鞞舞》歌辞，舞也用八佾。孝武帝大明中（457—

464 年），"以鞞、拂杂舞，合之钟石，施于殿庭"。几个朝代，都采用传统舞蹈形式，仅改写歌词，便能较好地适应本朝的需要，用以歌颂本朝皇帝。

从舞蹈本身看，生动活泼的民间鼓舞——《鞞舞》经过了汉、魏、晋几个时代的发展而变成了礼仪祭祀舞蹈，尽管晋人作的《鞞舞赋》说它还是非常精美，技艺高超，但是，某种舞蹈，一旦修入雅乐，进入庙堂，民间舞蹈原有的生动活泼的精神气质就会荡然无存。

《巴渝舞》也经历了与《鞞舞》大致相同的"改造"过程。为刘邦打天下立过战功的西南少数民族"板楯蛮夷"（或称賨人）的民间舞《巴渝舞》，粗犷雄健，富于尚武精神，受到汉高祖的重视，归入乐府。曹魏时，先改了歌词，内容为歌颂曹魏的统治。黄初三年（222 年）连名字也改了，称《昭武舞》。晋又改为《宣武舞》，都是用于祭祀的"武舞"。直到晋咸宁元年（275 年）才在庙乐（雅乐）中停用此舞。可以想象，这个进入庙堂的《巴渝舞》，经过将近五百年的变迁后已是面目全非。根据曹魏时已将《巴渝舞》改名《昭武舞》、作为"雅乐"中的"武舞"来分析，当时并没有将《巴渝舞》归入专供娱乐的《清商乐》类。最早是晋代，或更晚的隋唐时代，才将《巴渝舞》归入《清商乐》类。

另一部分属《清商乐》类的舞蹈，如《巾舞》《白纻舞》《明君舞》《前溪舞》等，经过历代艺人的加工创作，成为古代舞蹈中的"精品"，数百年间，一直是宴会中经常表演的"保留节目"。《巾舞》以各种精湛的舞巾技巧博得了人们的赞赏，汉画像砖石中有许多热情奔放、潇洒自如的《巾舞》画面，至今仍能从古典戏曲和民间"绸舞"中找到它的踪迹。《白纻舞》舞者穿着"质如轻云，色如银"的典雅而又美丽的舞服，轻盈柔曼地舞蹈。那丰富多变的舞袖技巧，那轻轻移动的舞步，令人神往。史称周代《人舞》"以舞袖为容"。战国文物中的舞人形象，无不是拽长袖款款而舞。汉画像砖石中刻绘了许多飞舞长袖的舞人，姿态各异。河南邓县出土的南北朝时期画像砖上，两个女舞者，身着宽口长袖衣，细腰长裙，倾身相对而舞，舞姿柔婉典雅，颇具"清商"舞风，及至后世，"舞袖"传统仍延绵不断。如今戏曲舞蹈中精湛的舞袖技艺，已成为刻画人物、表达思想感情的重要表现手段。《白纻舞》从晋到唐，数百年间一直盛行不衰，各代诗人留下了许多赞叹《白纻舞》的诗篇。《明君舞》是以汉代"昭君出塞"的故事为背景编制的歌舞。它的首演者是晋代著名舞伎绿珠。她的命运十分悲惨，最终被逼跳楼自杀。正是由于她的技艺令人赞叹，她的遭遇令人悲叹，《明君舞》也随之更为人们所熟知，从晋至唐，也流行了数百年之久。《前溪舞》出自江南，是东晋南迁时，在《清商乐》中增入的"江南吴歌"中的一种舞蹈。"前溪"是村名，属浙江武康县，史称"南朝集乐之处""江南声伎，多自此出，所谓舞出前溪者也"。这个以地名为舞名的《前溪舞》，具有浓郁的江南民间风格，婉转缠绵，动人心扉，从晋流传到唐，唐人的诗篇中有"舞爱《前溪》绿（亦作妙），歌怜《子夜》长"和"气尽《前溪舞》、心酸《子夜歌》"句，写出了《前溪舞》的风格特色和在唐代的流行情况。

　　《清商乐》中那些被修入雅乐的舞蹈，的确是僵化了、仪式化了，失去了原有的生命力，如改为《昭武舞》《宣武舞》的《巴渝舞》《鞞舞》等。但一直流传在民间的同类舞蹈，仍然以它们生动活泼的本色在人民中间流传，不会因在宫廷的兴废而影响它们在民间的盛衰。而《清商乐》中另一些经过较多艺术加工、比较精美的舞蹈，如《白纻舞》《巾舞》等，则作为表演性舞蹈长期流传，至今仍可在历史悠久的传统舞蹈中追寻到它们的遗迹。

乐律理论的推动者

我国古代乐律存在两个明显的缺点。一是十二律不能完满旋宫；二是"三分损益法"用于管律不够准确。随着管弦乐合奏的发展，迫切要求各种乐器的用律统一，特别是管乐器在转调和音准方面都不能得到比较满意的效果。因此自汉以来，有不少人围绕着这些问题进行研究、探索。本时期在这方面贡献较大的有荀勖、何承天两人。

1. 荀勖

荀勖字公曾，生年不祥，卒于晋武帝太康十年（289年）颖阴（今河南许昌）人，官至中书监，是西晋时期我国重要的乐律学家。

荀勖的重要贡献在于发现"管口校正"的规律，并制作出较为精确的律管。据《晋书·律历志》上载，西晋时协律中郎将列和曾说："笛之长短无所象则，率意而作，不由曲度。考以正律，皆不相应；吹其声均，多不谐合"。又说："先师传笛，别其清浊，直以长短。工人裁，旧不依律"。可知三国时制笛不合乐律，所谓"作笛无法"。荀勖于晋泰始十年（274年）制成一套十二支的笛律，形状如后世直吹之箫，每笛适用于吹奏一调，正应十二律。每管开六孔，都可吹奏"三字二十一变"，即荀勖所说的"正声调""下徵调""清角调"三种七声音阶调式各音。这十二支标准笛，就是后世所说的"荀勖笛律"。

荀勖所用的管口校正数是否合理，自然只有知道了当时黄钟的真正音高，通过细致的物理实验才能做出判断。

荀勖的"一笛三宫"即是在一支笛上吹三种调式。"正声调"是古音阶宫调式，"下徵调"是古音阶徵调式，"清角调"是古音阶角调式。相当于现代的4调式，1调式和6调式。与"清商三调"相比，正声调就是平调，清角调就是瑟调。只有下徵调是一个新调式，而下徵调的运用，在我国历史上造成了新音阶的确立。荀勖的十二笛，可以奏全十二均，每均七律的各音，明确宣称每均都三宫，他的每三宫，正是魏晋清商乐兼用的三种音阶：古音阶、新音阶和俗乐音阶的商调式。

2. 乐律学家——何承天

何承天是南朝宋国人，是我国杰出的乐律学家。东海郯县（今山东省郯城县）人。他善弹筝，在乐律方面有新的见解，提出了对京房60律的反对意见。《隋书·音乐志》载"何承天立法制议云：'上下相生，三分损益法其一，盖是古人简易之法，……而京房不悟，谬为六十'"。他不同意京房采用加律的方法来解决音差问题，而是主张在十二律内部加以调整。何承天创立的这一学说以及调整的律制《宋书·乐志》称为"新律"。

何承天的"新律"，是根据假设黄钟的震动体长度为9寸，用"三分损益法"进行推算，仲吕还生"变黄钟"为8.8788寸，与正黄钟相比较，差0.1212寸，于是将它分为十二值各0.010寸，这样，至第十三律时，加0.1212寸恰成9寸而还生黄钟。

何承天的这种"新律"已经接近十二平均律了，解决缩小了古律大、小半音间的差距，但理论上还不是真正的十二平均律，因为它不是按频率比来计算的，这种律制是世界上最早运用数学计算对十二平均律的探索，在当时历史条件下推动了律学研究的发展。因此说何承天"新律"的诞生意义是不可忽视的。

此外，与何承天同时而著名的科学家钱乐之，也曾对乐律问题进行过探索，但也是按京房60律的路子，用"三分损益法"继续推算的，一直算到360律。显然比京房的60律更加缺乏实际意义。

 ## 三部影响较大的古琴曲

在魏晋南北朝时期，以古琴为代表的器乐作品呈现繁荣的景象。这些古琴作品的突出表现是：内容深刻、寓意深远，具有一定的社会意义，而且一反汉代末期器乐作品仅以叙事性的唯一表现方法（如《广陵散》《胡笳十八拍》等作品），而以思想性、寓意性和突出形象个性为代表。在形式上，这一时期的古琴曲作品追求艺术形式的完善，力求在表现手段上出神入化、贴切逼真，其中最具代表性的作品是《酒狂》《梅花三弄》《碣石调·幽兰》。

1.《酒狂》

《酒狂》是汉末魏初时期著名思想家、文学家和音乐家阮籍创作的一首古琴曲。

阮籍曾任过步兵校尉，史称"阮步兵"。在魏司马氏掌权时为"竹林七贤"之一，在文学和思想方面与当时的嵇康齐名。因在政治上不满司马氏集团的专权和迫害，所以采取了回避的态度，"借酒佯狂，远循山林，以避其害"。古琴曲《酒狂》就是在这样一种矛盾的心态下创作出来的。这首古琴曲的突出特点，是使用了在中国历代琴曲甚至其他乐曲中都很少使用的6/8拍子。曲作者选定这种拍子，实际上是在表达一种摇摆不定，恍恍惚惚的矛盾复杂的心态。这种音乐效果，艺术地刻画出曲作者借酒醉之状来表现内心的苦闷，反映了有抱负的人的理想无法实现，但又不甘随波逐流的内心世界，只有寄托酗酒来麻醉自己，以表达对社会和人生的无奈，也反映了当时的人们因恐惧政治的黑暗，为避疑忌，只能借酒装疯以避不测，反映了当时恶劣的政治环境。由此，作品以"酒狂"来命题，并采用了特定的 6/8 拍子。在音乐结构上，《酒狂》的曲式结构十分严谨，其奏法规范准确。作品小巧玲珑 (全曲仅 87 小节)，点题形象生动，在当时是一首艺术水准很高的作品。

2.《梅花三弄》

《梅花三弄》原本是一首笛曲，在晋时期就已经十分流行。相传参加过晋时期淝水之战的晋朝将军桓伊就因善吹此曲而名噪一时。有关《梅花三弄》究竟是在何时改编成古琴曲的，说法至今不一，但在后来的唐、宋时期，它已经成为一首十分有名的古琴曲作品，在今天，《梅花三弄》已经被列为中国古代十大名曲之一。在音乐内容上，《梅花三弄》通过对梅花洁白和芬芳的形象描写，耐严寒、傲霜雪的性格刻画，来赞美具有高尚品格的人。其音乐具有寓意上人格化的创作特点。因此，音乐一问世，立即受到当时士大夫阶层的喜爱，并成为他们竞相自寓其身而经常演奏的作品。在音乐形式上，全曲的主题前后共出现了三次，因而称为"三弄"。其曲式严谨、旋律优美动听，在创作手法上具有音色对比和节奏变化的特点，以此来表现梅花同寒风搏斗的艺术形象。因此，可以说这首作品在表现艺术形象上是十分成功的。在历史上，《梅花三弄》还曾以《梅花引》的名字出现在古琴作品中。在后来宋代的曲牌中，也曾出现过"梅花引"的命名。

3.《碣石调·幽兰》

《碣石调·幽兰》是南北朝梁时期的一首著名古琴曲。该曲究竟为何人所作今已不可知，只是相传由当时著名琴家丘明传授下来的，它也是世界上发现最早的乐谱。

《碣石调·幽兰》的乐谱是用中国汉字的结构重新组合，以此来记录在古琴演奏时的音位和左、右手的指法。虽然在这首作品中只出现了记录乐谱的音位和指法，但是它缺乏有关音值和节奏等方面的记录形式。可见在当时它仍属于乐谱的早期形式。但它在距今约一千五百年前出现，表明了我国音乐文化的一个重大突破。这首琴曲的内容据传，是描写春秋时期的孔子周游列国，宣讲他的政治观点和治国之道，但是最后没有一个国家肯采纳他的意见并重用他。在回归途中他见到了幽谷中盛开的兰花。感叹地说道："兰花本是香花之王，如今却同野草一起生长在没有阳光的地方啊！"于是操琴弹奏一曲。后人传说这首曲子就是《幽兰》的早期形式，后来经人们经常弹奏，使其在中国琴史中十分著名，在今天它被列为中国古代十大名曲之一。

《碣石调·幽兰》在题材上表现了相当一部分不满社会现实，但又找不到出路的土族文人的思想和心态，反映了当时的社会矛盾和复杂的政治背景。因此，作品具有一定的现实意义。在作品的形式上，其结构短小精悍、曲调委婉清丽。全曲共四个段落，是一首小型的曲式作品，其表现手法有主题呈示、主题对比、再现等，成功地表达了哀婉、抑郁的内心活动。

 扩展阅读 《玉树后庭花》 是何舞

烟笼寒水月笼沙，夜泊秦淮近酒家。

商女不知亡国恨，隔江犹唱后庭花。

一千一百多年前，晚唐诗人杜牧乘舟游赏秦淮河。时令已是深秋，夜晚，小舟停泊在岸边，清冷的月光照着秦淮河的粼波，使人感到无限的寒意。这时，桨声灯影里从岸上飘来歌楼酒馆里歌女凄婉的歌声，这不就是陈后主所作的《玉树后庭花》吗？金陵是六朝建都之地，而末代皇帝陈叔宝就是在这《玉树后庭花》的乐舞声中，做了隋的阶下囚。由陈亡国到这时，已经二百多年，而这金陵城里还唱着这被称为亡国之音的《玉树后庭花》，达官贵人们的精神状态不和陈后主君臣一样萎靡不振吗？

据《隋书·五行志》说，这歌曲的原词中有"玉树后庭花，花开不复久"的话，当时人讲迷信，说这话不吉利，是"谶"语，所以陈朝很快就要灭亡了。唐初的杜淹在和唐太宗的一次谈话中，把问题说得更严重，他认为历代兴亡的主要根源是音乐，齐亡于《伴侣曲》，陈亡于《玉树后庭花》。唐太宗当场就反驳了他。

其实，像《玉树后庭花》这样的乐舞，各朝各代都有，它的艺术感染力是很强的，应该说是值得珍视的艺术品。陈的亡国在于政治不修，统治者沉溺于享乐，而不在陈后主创作了这个乐曲。音乐亡国论是一种唯心的观点。《乐府诗集》中所载的陈后主的《玉树后庭花》是这样的。"丽宇芳林对高阁,新妆艳质本倾城。映户凝娇乍不进,出帷含态笑相迎。妖姬脸似花含露,玉树流光照后庭。"不是原始的《玉树后庭花》,原始歌词中有"花开不复久"的话,这话,显然是歌词的核心,所以被《隋书·五行志》特别标出。南唐李后主《后庭花破子》是略变《玉树后庭花》的句式而来的,所写的思想内容,也完全与《玉树后庭花》相同:"玉树后庭前,瑶草妆镜边。去年花不老,今年月又圆。"《玉树后庭花》的思想内容与后来张若虚的《春江花月夜》、刘希夷的《代悲白头翁》差不多,主要是从花开花落中意识到时空无限和人生的短促。它的基本情调是感叹年华易逝,青春难留,这是一个悲剧性的乐曲。所以《隋书·音乐志》说它"其音甚哀",《隋书·五行志》说它"词甚哀怨",刘禹锡《金陵怀古》诗说:"《后庭花》一曲,幽怨不堪听。"陈后主的诗,都是属意于美人的,《玉树后庭花》也没有例外。用花比喻美女,这是我国古代常见的一种习惯;另外用玉树形容人的光彩也是六朝时期的一种风气。《世说新语》中的这类例子很多,如"太尉神姿高彻,如瑶林琼树,自然是风尘外物";又如庾亮死后,何充叹息说:"埋玉树著土中,使人情何能已已!"面对着如花似玉的美女,伤叹她们终究要颜色衰败,青春消逝,"玉树后庭花,花开不复久",这种感情当然是哀婉的。这不是一种浅薄的情思,而是贾宝玉那种带有哲理意味的悲剧性的思考,是非常深沉的。

《玉树后庭花》在唐代有大曲舞蹈,其基本形态是南朝传下来的清乐舞蹈。南朝的清乐舞蹈,一般为十六人的队舞,舞者为女性,《玉树后庭花舞》也应是这样,这个舞的舞者梳着高高的发髻,舞衣是用轻而薄的碧纱缝制的,衣裙长长地拖在地上,衣袖又宽又大,面部的化妆主要是用眉毛表现愁容,大约有些像汉末梁冀夫人孙寿的"啼妆",这是适应于这个特定舞蹈的内容需要的。

第十一章

日新月异
——历史夹缝中的科技文明

魏晋南北朝时期，科学技术有了显著进步。这一时期的科学技术，继承了前代的成就，在数学、农学、地理学、天文历法、机械制造、冶炼技术、医学等方面多有创新。

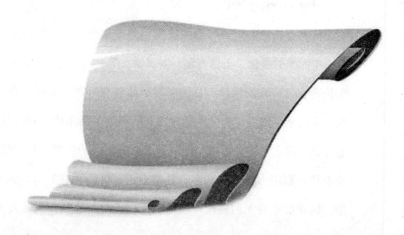

农学经典 《齐民要术》

　　贾思勰生活于公元 5 世纪末到 6 世纪中叶，曾任过北魏高阳（今山东青州）太守。由于文献记载缺乏，他的经历已无法查考。他所著的著名农书《齐民要术》，是中国农学史上一部经典著作。该书是他"采捃经传，爰及歌谣，询之老成，验之行事"而写成。全书计 10 卷，92 篇，引述文献达 160 多种，同时收集有农谚，并包含有贾思勰调查访问所得和亲身实践的经验。

　　在《齐民要术》中，贾思勰建立了较为完整的农学体系，对以实用为特点的农学类目做出了合理的划分。从开荒到耕种，从生产前的准备到生产后的农产品加工、酿造与利用，从种植业、林业到畜禽饲养业、水产养殖业，论述全面，条理清晰。这一农学体系，为后人编纂农书延续。

　　贾思勰生活和活动在中国北方，因此《齐民要术》中反映的主要是北方干旱地区的农业技术。

　　从农业典籍和生产经验的搜集、整理和研究中，贾思勰认识到，气候有一年四季的变化，土壤有温、寒、燥、湿、肥、瘠之分，农作物的生活和生长既有其自身的规律，又因时因地而各有所宜，要获得农业生产的好收成，就必须了解农作物的生活规律和所需的生活条件，顺应其生长的要求。他继承中国农学注重天时、地利和人力三要素的思想，特别强调"顺天时，量地利，则用力少而成功多，任情返道，劳而无获"（《种谷第二》）。但是，他并没有要人们仅仅被动地去顺应天时、地利，他对人力的作用非常重视，要人们在掌握天时与农作物生长关系的同时，能动地利用"地利"，以求取更好的收成。在《齐民要术》的各篇中，他都着意介绍和评述如何合理地利用人力、物力，搞好经营管理。这种把天时、地利、人力有机地结合起来，强调因时制宜、因地制宜、精耕细作、合理经营的思想，对后世农业生产有着极其深刻的影响。

《齐民要术》的记述非常丰富，其中有关于各种土壤的经营方法，旱地保墒技术，选种，种子处理（拌种、晒种等），保持和提高地力等。书中关于水稻的催芽技术的记载，是中国农学史上的最早记录。

《齐民要术》中还反映了中国古代丰富的生物学知识。当时人们已使用扦插——即无性繁殖的嫁接法，如用棠树（即杜梨）做砧木，用梨树苗作接穗，梨结果大而细密。在嫁接时注意到接穗要选择向阳的枝条，说明对光在植物生长中的作用已有所认识。强调嫁接时木质部与木质部，韧皮部与韧皮部要密切接合，说明对植物的生长特性有较深的了解。对马、驴杂交所生出的骡的生物优势和禽畜去势催肥等认识亦较以前深入。在开垦树林荒地时，书中总结了树木的环刈法，把树木韧皮部割去一环，阻止树液通过，使树木枯死，然后放火烧，可以连根去掉，这对开垦荒地是很有用处的。我国在农产品加工方面，利用微生物发酵来加工豆类、酿酒和制奶酪等有着悠久的历史，到南北朝时，人们已能较熟练地掌握微生物发酵技术。《齐民要术》中记载了丰富的微生物学内容，并用之加工多种食物，有些还上升到比较系统的规律性认识。

北朝时期，大量的游牧民族进入内地，使中原地区的畜牧业得到发展。《齐民要术》既总结了历代的家畜饲养经验，也吸收了北方各民族的畜牧经验。书中有根据动物形态鉴别品种优劣的知识，并介绍了饲养牲畜的各项措施，提出了要依据各种动物的生长特性，适其天性，进行管理。《齐民要术》对于种畜的培育非常重视，记述了留取优良品种，注意孕期环境，繁殖仔畜的方法，等等。例如，羊要选腊月、正月生的羊羔留种最好；母鸡要选择形体小、毛色浅、脚细短、生蛋多、守窝的。书中还收集了兽医药方48 种，内容包括外科、传染病、寄生虫病和普通病等，这是我国现存最早的有关兽医药学的记载。

 ## 炼钢新技术与新成就

中国早期冶炼钢铁技术，最突出的成就是"灌钢"冶炼法的创造。这种新的炼钢方法，至少在南北朝时已经普遍应用了。陶弘景是记述我国古代"灌钢"冶炼法的第一人，东魏、北齐的著名冶金家綦毋怀文，应用此法后才迅速地传播开来，因此世人就认为灌钢是他发明的。实际上，这种灌钢冶炼法，是劳动人民在长期实践中创造出来的。

我国古代的炼钢技术有一个发展过程。在春秋以前，炼铁术已有发展，但由于炉体小，鼓风设备差，用木炭做燃料，炉温比较低，炼出来的铁是呈海绵状的固体块，等到炉子冷却后再取出铁块。这种冶炼方法叫"块炼法"。块炼铁含碳量低、质软，含磷、硅等杂质，必须经过锻打才能成为可以使用的熟铁。江苏六合程桥春秋吴墓出土的铁条，就是用块炼铁锻成的，这是我国考古发掘关于生铁冶铸器物的最早实物见证。

熟铁和钢的主要区别是含碳量的不同。熟铁含碳量在 0.05% 以下，钢含碳量在 0.05%~2%，生铁含碳量大于 2%。熟铁性韧，可耐锤击，但是太软。生铁质硬而脆。钢则脆、韧适宜，用途广泛。人们在锻打熟铁的过程中，由于反复在木炭中加热，使铁吸收了碳，提高了含碳量，减少了杂质，因而成为钢。这是最早的炼钢技术，这种钢叫渗碳钢。把这种钢反复折叠锻打，使碳分布均匀，组织更加致密，提高了质量，又叫百炼钢。出土文物表明，这种炼钢法在战国中晚期已经被掌握了，西安半坡秦墓出土的铁凿即用这种钢制成。这种钢的产量很低。

到西汉中、晚期，炼钢技术有了新的进步，出现了"炒钢"新技术。就是把生铁加热成半液体、半固体状态，再加入铁矿粉，不断搅拌，利用铁矿粉和空气中的氧，烧去生铁中一部分碳，降低了含碳量，除去渣滓，得到了钢和熟铁。这种把生铁当炼钢原料是炼钢技术的一个重大发展。1974年，山东苍山县出土东汉永初六年（112年）"三十涷"环首钢刀，涷就是炼的意思。这把刀由含碳0.6%~0.7%的炒钢反复折叠锻打而成的。在河南巩县铁生沟汉代冶铁遗址发现了西汉后期炒钢炉一座，炉内尚有未经炒炼的铁块。炒钢炼钢技术在欧洲直到18世纪中叶才出现，比我国要晚1900年。

用生铁直接炒炼成钢，工艺比较复杂，在古代缺乏化学分析的条件下，要在炒钢过程中控制所需要的一定含碳量是比较困难的。因此，多数是把生铁先炒炼成低碳熟铁，再用固体表面渗碳方法重新增碳而炼制成钢的。这样，仍然要经过百炼才能得到纯钢，花费的人力和时间是很多的。

两晋南北朝时期人们发明了灌钢冶炼法。就是利用生铁的溶液灌入未经锻打的熟铁，使碳分较快地、均匀地渗入，只要配合好生铁和熟铁的比例，就能得到适合于钢的含碳量，然后反复锻打，挤出杂质，成为质量较好的钢铁。《重修政和经史证类备用本草》卷四《玉石部》引用梁陶弘景的话："钢铁是杂炼生镖作刀镰者。"这是最早具体记载的灌钢冶炼法。"生"就是生铁，"镖"是指熟铁，"杂炼生镖"是把生铁和熟铁混杂起来冶炼。生铁含碳量高而熔点低，先熔化后灌入熟铁，这样就得到了比较好的钢，可以用来制作刀镰。綦母怀文也用这种方法冶炼质量很高、十分锋利的钢刀。綦毋怀文，匈奴人，是道教的炼丹师，曾作过东魏北齐的信州（今四川奉节县一带）刺史，在高欢与宇文泰作战时，建议高欢把全军红色旗改为黄色，取得了胜利。史书记载綦毋怀文的炼钢方法是"烧生铁精，以重柔铤，数宿则成刚"。就是说，选用较好的铁矿石，冶炼出优质生铁，把液态的生铁浇注在"柔铤"即熟铁上，然后让生铁熟铁如同雄雌两性动物"宿"在一起交配，也就是《天工开物》中所说"生钢（铁）先化，渗淋熟铁之中，两情投合"，经过几度交配后就成钢铁。这种钢也叫"宿铁"。綦毋怀文用这种钢制成的刀十分锋利，一刀可以砍断叠了30多层的铠甲。这种冶炼方法后来在襄国（今河北省邢台县西南）一带长期为冶炼家所采用。

灌钢冶炼法是我国早期炼钢技术上的一项了不起的成就。它与百炼法或炒钢法比较，有很多优点。它缩短了冶炼时间，提高了钢的产量，工艺简便，容易操作，成本低，比较能保证质量。因此，宋代以后一直到明代，这种炼钢方法不断发展，一直是炼钢的主要方法。中国封建社会唐宋以后之所以能高度发展，社会生产率大幅提高，应该与此有关。

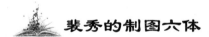

裴秀的制图六体

裴秀（224—271年）是西晋时期的地图学家。他主编完成历史地图《禹贡地域图》、晋地图《地形方丈图》，又总结前人制图经验，提出了绘制地图的理论"制图六体"，在地图学方面做出了杰出的贡献。

裴秀，字季彦，河东闻喜（今属山西）人。出身于世代官宦家庭，祖父和父亲在汉魏都官至尚书令。裴秀从小聪明好学，8岁能作文章，10岁时，人们已称他为"后进领袖"。他先在曹爽手下做官，司马懿诛曹爽后，他投靠了司马氏集团，官至尚书仆射。西晋建立初，负责改定官制，被封为济川侯。不久，官至尚书令、左光禄大夫、司空。泰始七年（271年）去世，年仅48岁。

我国地理学起源很早。相传夏禹铸造过九鼎，鼎上各有不同地区的山川、草木和禽兽图，这鼎直到秦代才被销毁。又据说周公东征胜利后营建成周洛邑时，把洛邑的地图献给成王。战国时，两国之间发生割地让城的事，首先得把地图交出来。荆轲刺秦王就是假装献图，"图穷而匕首见"。1972年，在长沙马王堆三号汉墓出土了三幅绘在帛上的地图，即地形图、驻军图和城邑图，是西汉初年的作品，已表现出相当高的水平，地形图大体合乎十八万分之一的比例，水道大部分接近现代地图。在地理著作方面，大约在春秋战国时期，出现了一部地理学名著《禹贡》，用自然分区方法，把全国分为九州，记述了黄河流域的山岭、河流、薮泽、土壤、物产、贡赋、交通等。由于内容丰富，受到历代重视。再加上秦汉以来数学、天文学、测量学的发展，这些都为裴秀在地图学方面的进一步发展创造了前提条件。

西晋建立并统一全国后，政治、经济、军事、文化教育各方面都需要准确而详细的全国地图。可是，由于年代久远，几经战火，图籍损失惨重。到西晋时，秘书省既无古代地图，也没有汉初萧何接收的秦朝地图，只有汉朝《舆地》及《括地》各种杂图，简单粗陋，既不设比例尺，也没有准确方位，不记名山大川。而《禹贡》所记山川地名，由于历史变迁，已多变动，十分混乱。这就使裴秀决心绘制新的《禹贡地域图》。

裴秀官至司空，掌管国家的地图、户籍、工程等工作，这使他能接触更多的地理和地图知识，又加上他曾多次随军征讨，如往淮南讨诸葛诞等，这使他获得了大量实际的地理知识。他还仔细阅读了对蜀对吴战争的记事，从中了解军队所经地方的地理状况，这些都是他取得成就的重要原因。

裴秀利用他的地位，组织人力，对《禹贡》所记山岳、湖泊、河道、高原、平原、沼泽以及古代九州的范围，做了详细考订。同时，结合晋时十六州下的郡国县邑、疆界变化，进行古今地名参照对比，弄清了古代各诸侯国间结盟定约的古迹及古今水陆交通的变迁等。对于一时弄不清的，则存疑暂缺。对于古代有名而今查不到的，都一一注明。经过这样深入的研究和考证，终于绘制成了《禹贡地域图》18篇。这是见于文字记载的最早的大型历史地图集。裴秀完成这本地图集后，把它进呈给晋武帝，被当作重要文献"藏于秘府"。

裴秀为《禹贡地域图》作了一篇序言。在这篇序言中，他提出了著名的"制图之体有六焉"的"制图六体"，即分率、准望、道里、高下、方邪、迂直。分率就是按比例反映地区长宽大小的比例尺；准望是确定各地间彼此的方位；道里就是各地间的路线距离；高下、方邪、迂直这三条是说明各地间由于地形高低变化和中间物的阻隔，道路有高下、方斜、曲直的不同，制图时应取两地间的水平直线距离。这六条原则是互相联系和制约的。没有比例尺，无法表现实际远近；没有方位的确定，某一地的方向从一方看是对的，从另一方向看就错了。没有道路的实际路线和距离的表示，有山水相隔的地方就不知道怎样通行了。没有地物的高下、山体的倾斜以及道路的迂回、转折的表示，并用它来校正，那么一定与实际距离不符，方向也不对。因此，这六个方面要综合运用，才能制定出比较科学的地图。

裴秀把数学中的比例运算方法，与测定远方地物间的水平直线距离的"重差术"应用于地图的绘制中，大大提高了地图的准确性。裴秀提出的这些制图原则，是绘制平面地图的基本科学理论。直到明末意大利传教士利玛窦所绘有经纬线的世界地图在中国传播以前，一直被我国地图绘制者所遵循。

裴秀还曾绘制了一幅《地形方丈图》，这是简缩的晋地图。过去有人绘制了一幅《天下大图》，用缣80匹，不便于阅读、携带、保存。裴秀运用"制图六体"的方法，把它缩绘成《地形方丈图》，标上名山、大川、城镇、乡村，方便了阅览。这图流传了好几百年，南朝诗人谢庄制作的"木方丈图"，有人认为就是以裴秀的地图为蓝本。

裴秀不仅对我国地图学的发展做出了巨大的贡献，他的制图六体理论在世界地图史上也有重要地位。有人把裴秀称之为"中国科学制图学之父"，这一称谓应该说不为过的。

知识链接

陈卓绘《全天星图》

晋太史令陈卓在继承前人成就的基础上把当时天文学界石申、甘德、巫咸三家学派所绘星图并同存异，在经过充分的分析对比研究之后，合为《全天星图》。在《全天星图》这幅反映当时最高成就的天文图上，共绘星二百八十三官（组），一千四百六十四颗。这个数目在当时所有的星图中是最多的，而且影响也是最大的，陈卓的星宫体系一直被后世的天文学家奉为圭臬，沿用了一千多年一直没有更改，直到明末才有了新的发展。

魏晋风神——一本书读懂魏晋文明

圆周率研究的进步

圆周率 π，是求圆周长、圆面积、球体积等类问题所必须用到的数值。圆周率 π 可以表示成无限不循环小数 3.1415926535……近代数学已经证明，π 是一个不能用有限次加减乘除和开方各次方等代数运算出来的数，就是所谓"超越数"。

中国是最早把圆周率精确到小数点后第七位的国家。在汉代之前，人们采用的圆周率是"周也径一，"即 π=3。这个数值非常粗糙，计算结果误差很大。随着科学的发展，人们开始探索比较精确的圆等问题，还包括复比例、连比例等比较复杂的比例配分问题。

据史料记载，公元 1 世纪初制造的圆柱形标准量器律嘉量斛所采用的圆周率是 3.1547。公元 2 世纪初，东汉天文学家张衡，在《灵宪》中取用 π=≈3.1466，又在球体积公式中取用 π=≈3.1622。三国时吴人王蕃在《浑仪论说》中取 π=≈3.1556。这些值都比"周三径一"精确度高，其中 π=还是世界上最早的记录。

魏晋时期的数学家刘徽，创立了割圆术，为计算圆周率和圆面积，建立了严密的方法，开创了中国圆周率研究的新纪元。他在总结过去数学运算时发现，"周三径一"不是圆周率值，实际上是圆内接正六边形周长和直径的比值。用这个数据计算面积的结果是圆内接正十二边形面积，而不是圆面积。经过深入研究，他发现当圆内接正多边形边数无限增加时，其周长即愈益逼近圆周长。在这一思想指导下，刘徽创立了割圆术。他从圆内接正六边形算起，边数逐步加倍，一直算得圆内接正192边形的面积，算得了 π 近似于 3.14 的数值。这个结果在当时世界上是先进的。刘徽的计算方法只用圆内接多边形面积而无须外切多边形面积。这比古希腊数学家阿基米德用圆内接和外切正多边形计算，在程序上要简便得多，可以收到事半功倍的效果。

在刘徽之后，南北朝的数学家、天文学家、机械制造家祖冲之，把圆周率推算到更加精确的程度，取得了极其光辉的成就。他应用刘徽的割圆术，在刘徽的计算基础上继续推算，求出了精确到第七位有效数字的圆周率：3.1415926<π<3.1415927，同时祖冲之还确定了 π 的两个分数形式的近似值：约率 π=≈3.14，密率 π=≈3.1415929。祖冲之求得的圆周率数值，远远走在当时世界的前列。直到 1000 年以后，15 世纪阿拉伯数学家阿尔·卡西和 16 世纪法国数学家维叶特，才打破了他的记录。此外，祖冲之发现的密率是分子、分母都在一千以内表示圆周率的最佳近似值。在欧洲，16 世纪的德国人奥托和荷兰人安托尼兹才得到这个数值。

圆周率在生产实践中应用非常广泛，在科学不很发达的古代，计算圆周率是一件相当复杂和困难的工作。祖冲之算出小数点后七位准确的圆周率，付出了巨大的劳动，它标志着中国古代高度发展的数学水平。

祖冲之的圆周率精确到小数点后七位，这在当时世界上非常先进，圆周率的理论和计算在一定程度上反映了一个国家的数学水平。祖冲之算得小数点后七位准确的圆周率，正是标志着我国古代高度发展的数学水平，引起了人们的重视。

医学文明新星：脉学与针灸

　　魏晋时期，脉学取得较大成就，医家王叔和对我国3世纪以前脉学进行较系统的整理和总结，撰成《脉经》，为中医脉学发展奠定基础。这一时期的针灸学也有显著进步，论述针灸的文献较以前大为增多，最具代表性的是皇甫谧《针灸甲乙经》，对后世针灸学的发展产生深远影响。

　　1. 王叔和与《脉经》

　　我国的脉诊起源很早，先秦时期已有较丰富的脉学史料。例如，《周礼》中有切脉以察脏腑病变的记载；《左传·昭公元年》记述秦公派遣医和诊治晋侯之疾，医和以色脉互参详论其病的史实。《史记·扁鹊仓公列传》有"至今天下言脉者，由扁鹊也"之说，可见扁鹊在战国秦汉时期被公认为脉学鼻祖。《黄帝内经》收载大量秦汉以前的脉学资料，论述40多种脉象，又提出三部九候诊法和气口人迎脉诊法。《难经》最早提出寸口诊脉法，并论述脉学的基本理论，但尚未形成专著。

　　两汉时期，脉诊已普遍应用于临床，成为中医诊病的重要组成部分。东汉医家张仲景《伤寒杂病论》是脉法成功应用于诊疗实践的名著，把脉、病、证、治融为一体，充分体现东汉时期医家的丰富脉诊经验。然而，脉学虽不断发展，仍缺乏全面的整理和理论的提高。至魏晋时期，王叔和对脉学进行第一次较系统总结，撰成《脉经》，奠定了我国脉学发展的基础。

　　王叔和，名熙，西晋高平（一说山东巨野，一说山西高平）人。早年曾是游方医，据传王叔和医术精湛，被选任太医令。宋代张杲《医说》引张湛《养生集》，言及王叔和"博好经方，尤精诊处；洞识摄养之道，深晓疗病之源"，并记述王氏重视饮食调摄的养生主张。唐代甘伯宗《名医传》称其"性度沉静，通经史卜，穷研方脉，精意诊切，洞识摄养之道"。近代有学者认为，王氏任晋太医令之事，有待进一步考证。

王叔和对医学的贡献，一是系统总结脉学，撰著《脉经》；二是整理编次《伤寒杂病论》。由于《伤寒杂病论》成书后，屡遭战乱兵燹，不久即散佚，是王叔和首先对该书有关伤寒的内容进行搜集、整理和重新编次，使之得以流传后世，极大地促进晋唐以后临证医学的发展。王叔和对伤寒部分的整理，是以仲景所论各种治疗方法的"可"与"不可"条文进行编次排列，如"不可发汗证""可发汗证""不可灸证""可灸证"等，由此开按治法分类研究《伤寒论》之先河。张仲景的《伤寒论》经王叔和整理编次，得以流传后世，对中医学的发展产生深远影响。但后世医家对其编次《伤寒论》，褒贬不一。例如，明清有些医家对王氏多有非议，指责王叔和对张仲景原著"多所改易窜乱"，使后人无法窥其原貌，以致形成"错简"一派。然而赞誉者认为仲景之伤寒学经王叔和之力而得以保存至今，若无叔和编次之举，仲景之书恐早已湮没，如元代王安道赞其"功莫大矣"。王氏距仲景生活年代最近，所编次之书也比较接近仲景原著内容，伤寒学说没有失传，王叔和功不可没。

王叔和博通经方，精于诊病，在临床中体会到脉诊的重要性，但当时脉象缺乏规范和统一，给诊病带来诸多不便。例如，《脉经·序》指出："脉理精微，其体难辨。弦紧浮芤，展转相类，在心易了，指下难明。"说明准确体察脉象尤难，若指下有误，必致贻误病人。可是当时流传的上古脉学文献，多深奥难懂，且零散而不系统，于是王叔和系统整理总结《内经》《难经》及扁鹊、华佗、张仲景等医家的有关论述，并结合自己临床经验，著成《脉经》。

《脉经》10卷，98篇，包括脉诊、脉形、脉象与脏腑关系，脉象阴阳分辨以及妇人、小儿脉的辨识等。

《脉经》重点阐述脉学，还论述针灸理论和临证治疗。对经络和辨证取穴的针灸治疗，尤其是脉诊与脏腑经络辨证的结合、针灸和药物并用的治疗方法，都有精辟论述，对针灸临床也有指导意义。《脉经》并涉及相当多的伤寒内容，对后世仲景学说的研究，颇有启迪。

王叔和所著《脉经》是我国现存最早的脉学专著，全面总结公元3世纪以前的脉学成就，确立和完善"独取寸口"的诊脉方法，在规范脉名、确定各种脉象特点以及寸关尺分部所属脏腑等方面都进行系统阐述，从而促进中医临证医学的发展。

2. 皇甫谧与《针灸甲乙经》

魏晋南北朝时期的针灸学取得显著成就，出现我国现存最早的针灸学专著——皇甫谧《针灸甲乙经》。该书对《内经》《难经》及秦汉时期的针灸进行系统整理与总结，为后世针灸的发展奠定基础。

皇甫谧（215—282年），字士安，幼名静，晚年自号玄晏先生。西晋安定郡朝那（宁夏固原市彭阳县古城镇）人，后随叔父迁居新安（今属河南洛阳市）。谧自幼家境贫困，躬自耕作，但暇必读书，竟废寝忘食，对经史百家颇有研究。性情沉静，勤于著述。一生所著甚丰，有《帝王世纪》《高士传》《逸士传》《列女传》《玄晏春秋》等史学著作，是一位颇有名望的学者。《晋书·皇甫谧传》言其"有高尚之志，以著述为务"，林亿在校订《甲乙经》的序言中称皇甫谧"博综典籍百家之言"。晋武帝曾征召他入朝为官，被婉言谢绝。他在《释劝论》中阐述医学的重要性，钦佩历代名医精湛医术，如言"若黄帝创制于九经，岐伯剖腹以蠲肠，扁鹊造虢而尸起，文挚徇命于齐王，医和显术于秦晋，仓公发秘于汉皇，华佗存精于独识，仲景垂妙于定方"，表示要发奋学医，精研岐黄。晋武帝爱惜其才华，赐予很多书籍。

皇甫谧平素赢弱，加之长年劳累，常服寒食散，致使精神衰颓。42岁时因罹患风痹证后而潜心钻研医学，"习览经方，手不辍卷，遂尽其妙"，自此，致力针灸研究。他深感当时针灸书籍"其义深奥，文多重复，错互非一"，不易学习和流传，故以《素问》《针经》《明堂孔穴针灸治要》三部医籍中有关针灸内容为依据，总结秦汉以来针灸之成就，并结合自己临证经验，于魏甘露年间（256—259年），编撰成《黄帝三部针灸甲乙经》（简称《针灸甲乙经》或《甲乙经》），这是我国现存最早的一部针灸学专著。皇甫谧尚有《寒食散论》1卷，可惜未传后世。

《针灸甲乙经》12卷，128篇。内容丰富，既叙述人体脏腑的生理功能和病理变化，又重点归纳整理经脉腧穴、考订腧穴部位、临证针灸治疗和操作手法。1至6卷是中医学的基本理论与针灸学的基本知识；7至12卷是临床经验总结，包括各种疾病的病因、病机、症状和腧穴主治。该书按生理、病理、诊断、治疗等内容进行归类编排，层次清晰。

皇甫谧根据《素问》《针经》《明堂孔穴针灸治要》三部医书所述及的腧穴进行全面系统的归纳整理，如对腧穴的名称、部位、取穴法等逐一考订，重新厘定腧穴位置，并增补新穴位。《甲乙经》整理厘定的腧穴有349个，其中双穴300个、单穴49个，比《内经》增加189个穴位。经《甲乙经》整理、定位的腧穴，在很长时期内成为针灸取穴的标准。

总之，《甲乙经》是《内经》《难经》之后对针灸学的第一次全面总结。把针灸治疗和脏腑经络的生理、病理紧密结合起来，对人体腧穴、针灸操作方法和临证治疗等方面都做了较系统的论述，确立了针灸的理论体系，并为针灸成为临床独立学科奠定基础。

知识链接

《脉经》最早总结脉学

《脉经》是我国现存最早的一部系统论述脉学的专著，由晋代医学家王叔和于西晋初年（266 年）至武帝太康三年（282 年）间撰成。历史上还出现过其他《脉经》，如隋唐时期黄公兴、秦承祖等所著的《脉经》，但均已佚失。

王叔和的《脉经》是对 3 世纪以前脉学的系统总结，共 10 卷，摘录了《内经》《难经》《伤寒论》《金匮要略》及扁鹊、华佗等有关论说，对脉理、脉法进行阐述、分析，首次把脉象归纳为浮、芤、洪、滑、数、促、弦、紧、沉、伏、革、实、微、涩、细、软、弱、虚、散、缓、迟、结、代、动等多种，对每种脉象的形象、指下感觉等做了具体的描述，并指出了一些相似脉象的区别，分 8 组进行排列比较，初步肯定了左手寸部脉主心与小肠、关部脉主肝与胆，右手寸部脉主脉与夫肠、关部脉主脾与胃、两手尺部主肾与膀胱等寸关尺三部的定位诊断，为后世中医脉学的发展奠定了重要的基础。唐宋医学校将该书作为主要的教科书之一。《脉经》一经问世，随即流传到阿拉伯、日本等国家，对当地脉学的形成和发展产生了深远的影响。

 ## 药物学的丰富与中药炮制

　　魏晋南北朝时期，药物学有了进一步的发展，药物知识和用药经验不断丰富，药物品种也日益增多。此时，一批药物学著作相继出现，见于史籍记载的药物学专著已达 110 种。吴普《吴普本草》和陶弘景《本草经集注》成为这个时期药物学成就的代表，尤其是《本草经集注》，不但增加药物品种，而且确定本草学的科学分类、体例和本草著作的编写模式，对后世中药学的发展影响深远。

　　《吴普本草》是东汉名医华佗的弟子吴普所著，首见于南朝梁阮孝绪（497—536 年）《七录》和陶弘景的《本草经集注·序录》，是中国历史上第一部有明确作者的本草学著作。

　　《吴普本草》约在北宋时亡佚，该书内容大部分被唐宋时期的医学著作和类书等引载，如欧阳询《艺文类聚》、徐坚等《初学记》等。其中以宋代李昉等所撰《太平御览》为最多，共引载药物 191 味。此外，《嘉祐本草》引载药物 40 味，唐慎微《证类本草》引载药物 20 味，苏颂《本草图经》引载药物 6 味。《吴普本草》现有 3 种辑复本存世，一个是清代焦循辑佚的《吴氏本草》，收药 168 种；一个是当代尚志钧辑佚的《吴普本草》，收药 202 种；另一个是当代严世芸等主编的《三国两晋南北朝医学总集·吴普本草》。

　　《吴普本草》原书 6 卷，载药 441 种。该书反映《神农本草经》成书后至汉魏时期民间医家的用药经验，而且保存了早期重要本草学文献，对后世有一定影响。

《神农本草经》问世后，历经东汉至魏晋南北朝约 400 多年，本草学有进一步发展，药物知识和用药经验逐步积累丰富，新药品种不断增多。为此，南朝梁医家陶弘景对这一时期的药物进行系统总结，撰成《本草经集注》。

陶弘景在医疗实践中，有感于魏晋以来的本草书，"或三品混糅，冷热舛错，草石不分，虫兽无辨"，不能很好地指导临床用药，决心对本草书勘订整理。他不但认真总结前人药学成果和自己用药心得，而且注重搜集民间用药经验，遂以《神农本草经》为基础，撰成《本草经集注》。

《本草经集注》是陶弘景在整理充实《神农本草经》365 种药物的基础上，又从《名医别录》中选出 365 种药物合编而成的一部药物学著作。其中新增的药物用墨笔书写，《本草经》原收载的药物则用朱笔书写。这种方式，有助于后人对古医药文献的研究。《本草经集注》7 卷，收载药物730 种。

陶弘景对《神农本草经》收载的 365 种药物逐一进行整理，纠正传抄中的部分错误，并增加新发现的 365 种药物，使药物品种增加 1 倍。陶氏鉴于《神农本草经》的"三品分类法"不能准确反映药物性能，于是创用按照药物自然属性的分类法，将药物分为玉石、草木、虫兽、果、菜、米食、有名未用等类。陶氏所制的药物自然属性分类法，是药物分类的进步，沿用近千年，成为我国古代药物分类的标准。

中药炮制，由来已久。《灵枢·客邪》篇中"半夏秫米汤"的半夏，已注明经过炮制；《伤寒杂病论》对药物炮制要求记载甚详，如麻黄去节、杏仁去皮尖、牡丹皮去心、大黄用酒浸等。自汉代以来，中药炮制方法不断改进，经验不断积累，至南朝宋时，出现我国第一部炮制专著——雷敩的《雷公炮炙论》。

雷敩，南朝宋药学家。其生平事迹，各家文献记载不一，明代徐春甫

《古今医统大全》称"雷公为黄帝臣，姓雷名敩"，北宋苏颂则说是隋人。言雷敩为刘宋时人，大多依据南宋赵希弁《郡斋读书后志》之说："《雷公炮炙》三卷，古宋雷敩撰，胡洽重定，述百药性味炮熬煮炙之方。"重定者胡洽原名为胡道洽，后因避讳而改名，系南朝宋人。李时珍《本草纲目·序例》也提出："《雷公炮炙论》，刘宋时雷敩所著，非黄帝时雷公也。"目前，多数学者认为，《雷公炮炙论》为南朝宋雷敩所撰。

《雷公炮炙论》在元代前后亡佚，其内容被历代本草著作引用。北宋唐慎微《证类本草》收载该书 234 种药物，明代李时珍《本草纲目》也转录 254 种药物。明代李中梓曾辑录《炮炙论》，但错误缺漏不少。

魏华存撰 《黄庭内景经》

魏华存（252—334 年），字贤安，任城樊（今山东济宁东）人，晋司徒魏舒之女，世称魏夫人。她聪颖过人，饱读书籍。小时候对中国的道教非常着迷，希望自己能成仙得道。经常食服那些吐纳摄生的胡麻散、茯苓丸等药物，以求长生不老。24 岁时被迫与太保椽刘文结婚，生两个孩子。不久以后，魏华存便因丈夫外任，孩子渐大开始悉心研究道家经典，成为一名虔诚的道教徒。约在晋太康九年（288 年），魏华存得到《黄庭内景经》草本，并给它注述（或由道士口述，华存记录，并详加诠次），撰为定本。《黄庭内景经》又名《太上琴心文》《东华玉篇》《大帝全书》《上清黄庭内景玉经》，为七言韵文，以祖国医学人身脏腑各有所主理论为基础，结合道教人身百脉关窍各有司神之说，提示以"存思"为主的修炼要诀，是宗教思想与气功医学相结合的一部道书，被道教徒誉为"致神仙""不死之道"的真文，为早期上清派所崇奉，倾注了魏华存全部的心血，为道教和医学的发展做出了积极的贡献，具有很高的价值。魏华存因中原战乱，携子渡江，栖突于衡山，她也因她撰定的《黄庭内景经》被道教徒尊奉为南岳真人、南岳夫人。

 扩展阅读　祖暅与"祖暅原理"

　　祖暅为南朝著名科学家祖冲之之子，也是一位杰出的数学家和发明家。在天文方面，祖暅继承父业，曾著《天文录》三十卷、《天文录经要诀》一卷，可惜这些书后来都失传了。他父亲制定的《大明历》，就是经他三次向梁朝朝廷的建议，才被正式采用的。祖暅心灵手巧，曾制造出记时用的漏壶，非常准确，并有一部《漏刻经》问世。

　　在数学方面，祖暅的最大贡献，就是继承父亲的数学天才和能力，创立了球体体积的正确算法。其计算原理是：位于两平行平面之间的两个立体，被任一平行于这两平面的平面所截，如果两个截面的面积恒相等，则这两个立体的体积相等。这一原理在西方被称为"卡瓦列利原理"，是在祖冲之以后一千多年才由意大利数学家卡瓦列利发现的。为了纪念祖氏父子发现这一原理的重大贡献，数学界也称这一原理为"祖暅原理"。